VIDA APÓS A VIDA

GUILHERME VELHO

VIDA APÓS A VIDA

A imortalidade estudada à luz da psicografia

Lachâtre

© 2018 by Guilherme Velho

Direitos de publicação cedidos pelo autor ao

INSTITUTO LACHÂTRE
Rua Dom Bosco, 44, Mooca – CEP 03105-020
São Paulo – SP
Telefone: 11 2277-1747
Site: www.lachatre.org.br
E-mail: editora@lachatre.org.br

CAPA
FERNANDO CAMPOS

2ª edição – Setembro de 2019
Do 1001º ao 3500º exemplar

A reprodução parcial ou total desta obra, por qualquer meio, somente será permitida com a autorização por escrito da Editora.

(Lei nº 6896 de 17.12.1980)

Impresso no Brasil

Presita en Brazilo

CIP-Brasil. Catalogação na fonte

V436v   Velho, Guilherme.

Vida após a vida: a imortalidade estudada à luz da psicografia / Guilherme Velho. – São Paulo, SP: Instituto Lachatre, 2019, 2ª Edição.

192p.

ISBN: 978-85-8291-079-5

1. Psicografia. 2.Espiritismo. 3.Morte. I.Título.

CDD 133.9   CDU 133.7

Sumário

Prefácio, 09

Primeiras Palavras, 13

Breves biografias e mensagens dos médiuns, 19
    Orlando Noronha Carneiro, 21
    Alaor Borges, 25
    Nilton Souza, 31

Vida após a vida, 37
    1º caso: A mais brilhante estrela do céu, 41
    2º caso: "Mainha, mainha!", 57
    3º caso: Duplo reencontro, 73
    4º caso: Inconfundíveis traços, 93
    5º caso: Raridade, 109
    6º caso: "Na emoção do skate", 129
    7º caso: Um novo tempo se faz agora, 149

Fotos e agradecimentos, 177
    Agradecimentos, 179
    Registros fotográficos a respeito do acolhimento do primeiro livro, 181

Prefácio

Com grande alegria recebi do autor deste livro, Guilherme Velho, dois convites.

O primeiro, em meados de 2017, foi o de participar como colaborador da elaboração do volume que o leitor tem ora às mãos. Naquela ocasião, Guilherme viajava o Brasil e o mundo a divulgar seu primeiro livro e, mais que isso, a compartilhar os resultados de suas pesquisas sobre a imortalidade atestada por comunicações psicográficas repletas de indicativos de veracidade dos fenômenos mediúnicos através dos quais irmãos e irmãs que cruzaram o limiar do amanhã falam a nós que continuam vivos. A proposta do autor era de que, como jornalista, editor e espírita, eu o ajudasse a contar as histórias de cada carta, de cada família, de cada espírito comunicante dos casos com os quais o autor travara contato e percebera consideráveis indícios de efetiva comunicação mediúnica.

Esse convite atendia um pedido íntimo meu feito a Deus e à espiritualidade. Há alguns anos, em minhas orações diárias, demonstrava meu propósito de servir à Doutrina Espírita através de alguma habilidade própria da minha pessoa. Por ofício, dedico-me à tarefa de ajudar escritores a levar a lume seus livros, emprestando meus olhos de leitor com o propósito de colaborar na composição de textos. Foi com esse intuito em mente que procurei Guilherme através das redes sociais. Na ocasião, eu travara contato com seu primeiro livro e me interessara em ter um exemplar na minha biblioteca pessoal espírita. Aproveitei o contato para oferecer meus préstimos como revisor para uma eventual nova publicação. Qual não foi minha surpresa ao ouvir dele a informação de que buscava exatamente o que eu oferecia: alguém para ajudá-lo tanto na segunda edição do primeiro livro quanto na produção de um novo título, este que agora se transforma em realidade.

Sou, portanto, leitor privilegiado desta obra, porque pude, junto com o autor, participar da sua feitura-leitura--releitura. E a mais grata experiência nessa oportunidade foi alimentar minha própria alma com a "recerteza" quanto à imortalidade e comunicabilidade dos espíritos a partir de uma perspectiva nova para mim: a de ouvir diretamente de uma filha, de uma mãe ou de um pai que seus amados "idos" continuam vivos e lhes deram disso fartas demonstrações através de psicografias.

O segundo grato convite a mim feito pelo autor foi o de prefaciar seu livro, tarefa que materializo com estas linhas onde espero que se consubstancie minha gratidão por tudo o que este volume me proporcionou. Agradeço a Guilherme e aos "invisíveis" que certamente ensejaram a união de propósitos. Mas não poderia deixar de agradecer especialmente aos coautores desta obra por nos contarem suas histórias: os irmãos e irmãs que partiram para a intermissão e seus familiares que aqui permanecem. E ainda aos médiuns Orlando Noronha Carneiro, Alaor Borges e Nilton Sousa pelo propósito abnegado e fraterno de bem servir e pela disponibilidade de colaborarem com este livro através da abertura para que as cartas que psicografaram pudessem ser pesquisadas.

Ao leitor passo agora o bastão da leitura com votos de que aqui encontre o seu próprio convite, feito também pelo

autor: incorporar em sua vida os benefícios e as consequências éticas dos indicativos de que a vida é incessante e de que os laços de amor nunca se desfazem.
 Boa leitura.

Recife, novembro de 2018

Flávio Emmanuel Gonzalez

Primeiras Palavras

Desde 2015, tenho me dedicado mais detidamente à pesquisa sobre psicografia. Percorri várias cidades, no Brasil e no exterior, estabeleci contato com a maioria dos médiuns brasileiros e com boa parte dos pesquisadores espíritas e visitei grande número de entidades espiritistas (entre as quais, a Federação Espírita Brasileira em Brasília; o Luiz Gonzaga, casa originária de Chico Xavier em Pedro Leopoldo; o Regeneração, lar sob os auspícios do Dr. Bezerra de Menezes no Rio de Janeiro; o Obreiros do Amor e da Misericórdia em Embu das Artes; o Irradiação Cristã em Goiânia; a Comunhão Espírita de Brasília; o Caminheiros do Bem em Curitiba; o Ferreira Moraes em São Borja; a Federação Espírita do Ceará; e a Casa de Francisco e o Lar de Clara em Fortaleza). Também estabeleci contato com entidades não espíritas, como grupos de transcomunicação instrumental no Brasil e nos Estados Unidos, e proferi palestras fora do circuito espiritista, em *rotaries clubs*, universidades (como as de Maui no Havaí e Susuka no Japão) e centros de convenções (a exemplo do de Nagoya no Japão). Meu intuito era e é prospectar casos de comunicação espiritual, sobretudo psicográfica, com fortes elementos de autenticidade, além de apresentar publicamente os resultados dos meus estudos.

Em quatro anos de pesquisa, estabeleci contato com 24 médiuns brasileiros e estrangeiros e pude catalogar cerca de 200 casos que considero passíveis de aprofundamento de análise por conta de apresentarem indícios de comunicação psicográfica. No entanto, infelizmente também me deparei com muitos casos de inautenticidade, nos quais não houve claramente nenhuma comunicação espiritual. Meu intuito ao publicar o presente livro é apresentar ao leitor análises de parte das cartas psicográficas que considero autênticas. Contudo, enfatizo que não quero com isso legitimar médiuns, porque, como homens e mulheres, são sempre passíveis às paixões humanas. Meu objetivo é tão somente legitimar as mensagens psicográficas por eles produzidas.

Dentre tais características que indicam ser autêntica uma psicografia, posso citar a indicação pelos espíritos comunicantes de informações não mencionadas por seus familiares aos médiuns e não rastreáveis através de bancos de dados, sistemas de busca e redes sociais da internet. Muitas vezes, trata-se de fatos, sentimentos, pensamentos só presentes em um lugar: no pensamento íntimo de uma mãe ou pai que permaneceu na experiência física. Outras vezes, dizem respeito a circunstâncias da vida íntima das famílias, como apelidos, hábitos cotidianos e até manias. E não posso deixar de mencionar outro fator primordial não relatado aos médiuns e dificilmente rastreável: o comunicante declinar nomes de parentes que há muitos anos, às vezes décadas, o precederam na volta para a dimensão espiritual e que o receberam na outra margem da vida, frequentemente não conhecidos em vida física pelos autores das cartas. Tais casos lembram os moldes com os quais atuava a maior médium psicográfico que o Brasil já teve, Chico Xavier, ao longo de décadas de abnegada tarefa de servir como carteiro mediúnico à recepção de missivas consoladoras para famílias em luto. As cartas aqui analisadas também possuem similaridade com as mensagens produzidas pela fantástica médium de psicofonia Dona Célia do Rio Janeiro, que serão objeto de estudo do meu terceiro livro, já em produção.

Mas o que fazer com esse catálogo de casos coletados? Naturalmente, toda pesquisa deve tornar públicos os seus resultados, porque deve sempre visar ao bem comum. E, mesmo em tempos de virtualização dos suportes, o livro físico ainda demonstra ser um meio eficaz de disseminação de informações. Com tal percepção, decidi estudar tais casos mais detidamente e selecionar alguns para a composição do meu primeiro livro, lançado em 2017, intitulado *Psicografia: casos investigados*, no qual analiso cinco ocorrências exemplares de efetiva comunicação psicográfica. Para minha grata alegria, a publicação teve grande aceitação. Graças a esse livro de estreia, recebi muitos convites de entidades espíritas e não espíritas brasileiras e estrangeiras para proferir palestras a respeito dos casos publicados.

Desde o lançamento do primeiro livro, proferi palestras na maioria dos estados brasileiros e em sete países: Japão, Suécia, Dinamarca, Portugal, Itália, Canadá e EUA. O lançamento ocorreu em maio de 2017, em Newark (Nova Jersey, EUA); em setembro daquele ano, proferi palestras sobre a publicação em Milão e Nova Iorque, e em novembro em Miami e Pompano Beach, Flórida. Mais convites surgiram, dessa vez na Europa e no Japão (onde estive por três vezes com apoio da Associação dos Divulgadores do espiritismo daquele país do Extremo Oriente). Diante de tamanha acolhida pelo livro, em maio de 2018 resolvi fazer um circuito internacional num curto espaço de tempo: 18 palestras em 25 dias em três continentes (América, Europa e Ásia). Em cada visita, pude ver o quanto a abordagem científica da espiritualidade é uma demanda necessária e valorizada em prol da demonstração da imortalidade e da comunicabilidade dos espíritos.

Tal acolhimento me impulsionou a pôr em marcha a intenção de continuar a selecionar mais casos estudados e a compilá-los em livros. E foi assim que o presente projeto editorial, *Vida após a vida: a imortalidade estudada à luz da psicografia*, foi gestado ao longo de 2018. Desta feita, são apresentados sete casos de comunicação psicográfica com fortes indícios de efetividade, com cartas escritas por oito espíritos através de três médiuns: Orlando Noronha Carneiro Alaor Borges e Nilton Sousa. Como todo ser humano, cada médium possui suas peculiaridades, mas os três apresentam um ponto em comum que já demonstra por si só a seriedade com a qual exercem a mediunidade: a aceitação de ter o trabalho observado como objeto de pesquisa. Ao citá-los, aproveito a oportunidade para agradecer-lhes a receptividade que demonstraram aos meus propósitos de estudo das cartas psicografadas nas quais atuaram como instrumentos mediúnicos de comunicação.

Há outros pontos em comum que unem os três médiuns. Deliberadamente, eles procuram não ter contato prévio com as famílias candidatas a uma carta psicografada. Na quase totalidade dos casos, os médiuns nem as conhecem, pois frequentemente viajam a outras cidades e estados a convite de casas espíritas. A únicas vias de contato que buscam estabelecer é a produção de fichas escritas nas quais os familiares registram nome do desencarnado, datas de seu nascimento e desencarnação, além dos nomes e graus de parentesco de quem pleiteia uma comunicação. Essas fichas demonstram ser necessárias para que se produza uma espécie de contexto de evocação ("diálogo evocativo" ou "registro"), através do qual, algumas vezes até com componentes de psicometria através dos papéis, os médiuns passam a perceber mais claramente quais espíritos estarão aptos a se comunicar. Portanto, não se trata de entrevistas com elementos de anamnese.

Muitas vezes, mas não sempre, os citados médiuns, após perceberem através das fichas os possíveis comunicantes, entabulam rápidos diálogos com os familiares, nos quais descrevem os parentes desencarnados e, sob a inspiração destes, adiantam informações peculiares que já atestam a presença dos espíritos. Tais diálogos evocativos já deixam patentes consideráveis demonstrações de imortalidade, chegando, muitas vezes, a proporcionar aos familiares encarnados consolação equivalente à de uma carta psicografada.

Outro ponto em comum aos três médiuns aqui abordados e que os diferencia de muitos outros é a considerável quantidade de nomes de familiares desencarnados declinados nas mensagens. Em algumas cartas, por exemplo, são citados bisavôs há décadas já desencarnados e que, segundo os autores das missivas, os receberam na dimensão espiritual. Trata-se de uma modalidade de dados especialmente significativa, pois dificilmente podem ser encontradas na internet informações de pessoas desencarnadas antes do advento da *web*.

Além disso, os três médiuns pesquisados se diferenciam por terem psicografia polígrafa, ou seja, são capazes de mudar a própria caligrafia para aproximá-la da caligrafia que o espírito comunicante tinha em vida, chegando até mesmo a produzir assinaturas quase idênticas às das pessoas desencarnadas. Ressalto que a maioria dos médiuns são monógrafos – apresentam quase sempre a sua própria caligrafia, raramente conseguindo escrever ou assinar de forma semelhante ao espírito comunicante.

Também é importante citar que Orlando Noronha Carneiro, Alaor Borges e Nilton Sousa exercem a mediunidade em caráter fraterno e abnegado, ou seja, não utilizam suas faculdades como meio de ganho material, uma vez que exercem suas profissões normalmente, através das quais obtêm seus sustentos financeiros. As sessões de psicografia em que atuam são gratuitas e realizadas em suas horas vagas, quase sempre aos sábados e domingos.

Mas quem são os médiuns que atuaram como "carteiros" das psicografias estudadas neste livro?

Conheça-os nas próximas páginas.

Breves biografias e mensagens dos médiuns

Orlando Noronha Carneiro

Natural de Osasco (SP), profissionalmente atua como consultor de processos no segmento de saúde. Atualmente reside na cidade de Curitiba (PR). É casado e pai de uma filha. Iniciou suas atividades na doutrina espírita em 1980, época a partir da qual passou a visitar mensalmente Chico Xavier em Uberaba (MG), recebendo dele instruções preciosas para a sua atuação no espiritismo. Na sua cidade natal, teve grande atuação no movimento espiritista, em especial, no Pronto-Socorro Espiritual Pais e Filhos. Viaja frequentemente a outras cidades e estados a convite de instituições espíritas para realizar sessões públicas e gratuitas de psicografia de cartas consoladoras (agenda disponível no *site* Portas do Amor). Também atua como médium na escrita de livros, tais como *Adeus para a morte*; *Jesus perto de ti*; *Otimismo com Jesus*; e *A vitória do Cristo*. (Fonte: *Site* Portas do Amor).

NÃO EXISTE ADEUS, APENAS ATÉ LOGO

Orlando Noronha Carneiro

Nosso amigo e pesquisador Guilherme Velho, com méritos, lança o seu segundo livro, tendo como escopo principal demonstrar, a partir de suas pesquisas rigorosas, que a imortalidade da alma não é uma crença, mas uma lei natural da vida, tema expressado em todas as épocas da humanidade e que, a partir do surgimento do espiritismo, no dia 18 de abril de 1857, com O *livro dos espíritos*, codificado pelo insigne educador Allan Kardec, a humanidade penetrou a Era do Espírito, enfatizando que o espiritismo é o Consolador Prometido por Jesus, nosso Mestre, o modelo e guia de todos nós.

Tenho a honra e a alegria de participar deste trabalho, junto com outros companheiros de ideal espírita, nosso Nilton Sousa e nosso Alaor Borges, guardando por eles profundo respeito e gratidão.

Augurando que este labor possa propiciar aos leitores consolo e esclarecimento, planificando seus caminhos de flores de esperança, aguardando com coragem e paciência o reencontro com aqueles que precederam na viagem.

Como asseverou o maior médium espírita-cristão de todos os tempos, Chico AMOR Xavier: eles apenas viajaram antes de nós.

Aproveitando a frase de nosso amigo Rossandro Klinjey, orador respeitado de nosso Movimento Espírita a quem tanto prezamos: "Não existe adeus, apenas até logo".

Jesus é o Mestre da Imortalidade.

Allan Kardec, na *Revista espírita*, edição de janeiro de 1858, com o título "Mãe, estou aqui", sedimenta em bases doutrinárias o intercâmbio entre os dois lados da vida de natureza familiar, porém, desde que esteja norteado o exercício da mediunidade com bases nas insuperáveis elucidações constantes em *O livro dos médiuns*, editado em 1861.

Concluímos nossa despretensiosa apresentação, valendo-nos da anotação do apóstolo Paulo, o vaso escolhido por Jesus em sua 1ª carta aos Coríntios, capítulo 15, versículo 55: "Onde está, Oh morte, a tua vitória?"

Jesus a porta.

Kardec a Chave.

Alaor Borges

    Nascido em Bebedouro (SP) e radicado em Uberaba (MG) há mais de 40 anos, Alaor Borges Júnior é enfermeiro, médium psicógrafo, orador espírita e coordenador de grupos de estudos doutrinários. É fundador do Lar Espírita Irmã Valquíria e exerce amplo trabalho social naquela cidade mineira. Seu primeiro contato com o espiritismo ocorreu em 1981, a partir do desabrochar das faculdades mediúnicas no então jovem de formação católica. É casado e pai de duas filhas. Além de psicografar pública e gratuitamente em sua casa espírita, também faz o mesmo trabalho em outras cidades e estados a convite de instituições congêneres. Notabiliza-se também como autor de livros espíritas, como *A derradeira esperança*; *Abra e leia*; *Semeadores da verdade*; *Mergulhos na consciência*; *Experiências no mundo espiritual*; *Encontros com a consciência* e *Sutilezas da obsessão* (Fonte: Informativo Espírita Uberaba).

"SÓ EXISTE ALGO MAIS MARCANTE DO QUE PERDER UM FILHO: DESCOBRIR QUE ELE CONTINUA VIVO"

Alaor Borges

Honrado e grato estou por fazer parte, na condição de médium psicógrafo, do novo livro de nosso estimado irmão Guilherme Velho, que propõe, como o anterior, analisar a mediunidade do ponto de vista investigativo, algo aliás que já foi feito com os livros da lavra do maior médium de que já tivemos notícias, Francisco Cândido Xavier, modelo de homem cristão e referência para quantos militam no campo da mediunidade alicerçada nas diretrizes de Jesus e Allan Kardec.

Além da nossa modesta participação como intérprete do plano espiritual, nossos irmãos Orlando Noronha Carneiro e Nilton Sousa, que também têm se destacado e dignificado a tarefa de recepção das chamadas cartas consoladoras, com devoção e responsabilidade, isentos de quaisquer interesses ou vantagens, não hesitaram em contribuir com a elaboração deste importante livro que, como tantos outros, parece que ainda solta um grito tímido e abafado ao afirmar que a vida continua além da morte da veste física, em vista da visão materialista que infelizmente prepondera em detrimento das verdades espirituais.

Outrora já foi dito que não existem argumentos contra os fatos, e estes se multiplicam todos os dias e se repetem não em âmbito local ou regional, mas global, algo que tem perdurado desde as eras mais remotas até os dias atuais, quando se teve notícias da existência da presença humana na Terra, como que confrontando com as possíveis opiniões débeis de que a suposta comunicação com os indevidamente chamados mortos não existe.

Que o esforço de nosso irmão Guilherme possa servir de estímulo para outros companheiros que tenham a mesma vocação que ele para a área da investigação e pesquisa, como anteriormente teve o confrade Paulo Rossi Severino, quando editou o valoroso livro *A vida triunfa*, estudo meticuloso das cartas consoladoras psicografadas pelo médium Chico Xavier.

Devo ser sincero: material tem, outros estão surgindo e outros mais despontarão; o que não temos notado, ainda, é interesse e disposição por parte dos representantes da cúpula materialista para examiná-los e se renderem, por fim, à evidência de que a alma é imortal e retorna, sim, seja através das mãos dos chamados médiuns, seja por outras infinidades de meios.

Finalizando minhas singelas e despretensiosas considerações, nunca deixarei de recordar do efeito impactante da frase que encima nosso texto, mensagem de reflexão, que tive oportunidade de ler antes da exibição do excelente filme *As mães de Chico Xavier*.

É esta certeza que devolveu a vida e o chão para muitas mães e pais e continua efetivando verdadeiras ressurreições de corações enlutados que estavam mortos para a vida e que, aos poucos, recuperaram-se e até conseguiram voltar a sorrir, a ter esperança e novas perspectivas.

Eu, como médium, com este compromisso, sempre me colocarei à disposição desses irmãos de corações partidos, muito embora reconhecendo as minhas escancaradas limitações no campo da mediunidade, porque tenho exata noção de que se uma só mãe, pai, esposa, esposo, filho, filha, neto, neta, irmão ou irmã for consolada, já terá valido a pena todo o meu esforço nesse sentido.

E repito, com todo o respeito e afeto que nutro por todos eles, os dizeres de Chico Xavier, que também para mim esta é a tarefa que mais me gratifica como médium. Por essa razão, reafirmo que tem valido a pena sim.

Nilton Sousa

Cearense nascido em 1973. Formado em História, atua profissionalmente como professor em Fortaleza (CE), onde reside. É pai de uma filha. Foi um dos fundadores do Lar Beneficente Clara de Assis, mais conhecido simplesmente como Lar de Clara, instituição filantrópica, sem fins lucrativos, que tem como objetivo assistir crianças, adolescentes, idosos e gestantes pobres da comunidade carente de Iparana, em Caucaia (CE). A entidade é uma obra social da Sociedade de Estudos Espíritas Casa de Francisco, onde o médium atua, entre outras atividades, na psicografia de cartas consoladoras. Também viaja a outras cidades e estados a convite de casas espíritas para realizar sessões públicas e gratuitas de psicografia. É autor mediúnico de livros como *Cartas da imortalidade*; *Contos do Invisível*; *Filigranas de luz*; e *Encontro Evangelizador Espírita: uma proposta pedagógica*.

MINHA RELAÇÃO COM A PSICOGRAFIA

Nilton Sousa

Na psicografia, geralmente, sinto os pensamentos dos comunicantes como se já não fosse a minha mente que os elaborasse; sou dotado de uma psicografia semimecânica, por isso não tenho a noção de começo nem de fim do ditado mediúnico; a ideia passa por mim e a minha consciência é mantida apenas quanto ao que está sendo elaborado naquele exato momento. Fui aprendendo, com o tempo, a me alhear, a me distanciar, a não julgar as expressões dos espíritos, mesmo aquelas com as quais eu não concorde ou que eu elaboraria de outro modo em frases e construções.

Existem casos de espíritos que já se comunicaram uma, duas ou três vezes por nosso intermédio, cuja afinidade fluídica já se acha consolidada, o que lhes permite intuir-nos dias antes da sessão mediúnica de estudo e psicografia sobre a sua intenção de se fazerem presentes, previsão constatada quando nos deparamos com a solicitação de algum de seus familiares na noite destinada às cartas consoladoras.

Durante o transe, estou consciente, participo das emoções dos espíritos que se comunicam, sinto vibrações percorrendo minha cabeça e o meu braço e, conforme a profundidade da concentração em que me acho, chego mesmo a me sentir como se não houvesse público algum em meu derredor; como se sozinho eu estivesse.

Algumas psicografias parecem me colocar sob certa hipnose, o pensamento do comunicante se faz vigoroso, sendo eu recomendado pelos coordenadores espirituais a me colocar numa posição de observador, daí eu evitar fazer qualquer juízo de valor sobre o que é produzido. Por isso, os espíritos têm espaço para expressar as suas opiniões e o seu linguajar de acordo com as suas crenças e opiniões, naturalmente obedecendo aos princípios da coerência doutrinária e ao fim específico da carta, que é o consolo.

A sensação é agradável, não há uma fadiga mediúnica muito intensa, por isso podemos psicografar por quatro horas com a sensação de havermos ocupado apenas uma hora do nosso tempo.

Temos a certeza de que, "se o telefone toca de lá pra cá", conforme dizia o nosso inesquecível e maior médium espírita Chico Xavier, significa que os nossos entes queridos que partiram querem se comunicar tanto quanto nós, os encarnados; queremos notícias, por isso mesmo precisamos, juntos, aperfeiçoar os meios de comunicação através de experiências marcadas de acertos e erros, tentativas movidas pela intenção pura e sincera de contribuir com a consolação.

Em outras palavras, precisamos cuidar do telefone, melhorando a sua sintonia, ampliando a sua capacidade e potencializando a sua aparelhagem. Tal intento exige acompanhamento, autoestudo, testes constantes, atenção com a operacionalização do trabalho, flexibilidade suficiente para modificar aquilo que seja necessário.

CONSOLO COM A VERDADE

Desde que o mundo espiritual se descortinou, a partir das pesquisas do inolvidável cientista do invisível, Allan Kardec, fomos defrontados com a necessidade de compreender a dinâmica do mundo espiritual. Isso, no entanto, em perspectiva de análise, de verificação, pela busca honesta e sincera da verdade, uma vez que o espiritismo não é uma Doutrina de crenças e, sim, uma filosofia científica... fundamentada nos fatos, usando os mesmos como instrumento da nossa espiritualização!

Os espíritas somos os herdeiros do túmulo vazio, em face da liberdade que a alma experiencia, devido mesmo à sua natureza essencial; desse modo, a existência do **Correio do Além** propõe aos familiares dos dois planos uma ponte de reencontros que propicie transformar a saudade-dor ou saudade-revolta em uma saudade-compreensão que lhe faça perceber a necessidade da paciência, na espera do tempo a se escoar, até que o relógio da vida nova lhes soe a hora do retorno a esse Lar primordial, que é o Mundo dos Espíritos.

Mesmo diante dessa possibilidade confortadora de comunicação, estamos vivendo tempos graves, tornando-se urgente a produção de material fundamentado, seguro e que sirva de referencial para nortear os passos de médiuns e de grupos espíritas.

Jesus, o inesquecível mestre, consolava-nos com a verdade, de modo que as mensagens dos nossos familiares desencarnados precisam da comprovação de suas identidades, pois a fé espírita não se baseia na cegueira ou no olhar turvo e míope da crendice, pois **a verdadeira fé é somente**

aquela capaz de encarar razão, face à face, em todas as épocas da humanidade!

Daí o sentido desta obra, oferecida pelos estudos e observações atentas em torno da psicografia, como forma de dignificar os princípios doutrinários que nos norteiam o intercâmbio interplanos, uma vez que as cartas do Além – aquelas que estejam livres das ilusões e dos enganos – transformam-se em reais instrumentos de testemunho da nossa imortalidade, especialmente daqueles que seguem carregando consigo a lembrança, a força e a vibração do nosso amor e da nossa saudade!

Rosália Nancy
(Mensagem do espírito guia do médium Nilton Sousa, psicografada em 4 de novembro de 2018)

Vida após a vida

Nosso intuito é demonstrar ao leitor que as cartas psicografadas são demonstrações práticas de que a individualidade humana não se extingue junto com o corpo quando o fenômeno biológico chamado morte se produz. Há outras vias de constatação aptas a nos fazer verificar que os seres humanos continuam a existir mesmo depois do perecimento de seus organismos físicos. Entre as mais notáveis, estão as experiências de quase morte (ou EQMs), já consideravelmente aceitas por boa parte da *intelligentsia* científica mundo afora, tendo sido, inclusive, objeto de estudo de muitas pesquisas em universidades brasileiras e estrangeiras.

Pessoalmente, como pesquisador, decidi dar meu contributo utilizando a psicografia como objeto de estudo. Neste livro, apresento sete casos que considero como espécimes modelares de efetiva demonstração da sobrevivência após a morte do corpo físico e da possibilidade de tais consciências libertas da matéria poderem se comunicar através de médiuns, indivíduos encarnados dotados da faculdade de servirem como vias de acesso entre além e aquém.

O leitor lerá sete capítulos, cada um com uma abordagem em torno de uma ou mais cartas psicografadas em reuniões públicas e gratuitas, nas quais os três médiuns citados escreveram em papel, a lápis ou caneta, mensagens de pessoas falecidas endereçadas a seus familiares presentes em tais sessões.

Os capítulos estão estruturados da seguinte forma: antes de analisar as mensagens psicográficas, busquei dar ao leitor contato com cada família destinatária. Entendo que essa contextualização é necessária porque, mais do que relatar histórias de cartas, trata-se de contar as histórias de pessoas com as quais todos nós temos total similaridade e que viveram e vivem o desafio existencial de terem visto alguém muito amado partir. Na maioria, mães e pais que vivenciaram a partida de um filho ou filha para a dimensão espiritual, mas também filhos que convivem com as ausências físicas de mães e pais.

Após contextualizar a vida de cada família, procurei elencar os pontos de autenticidade de cada carta para, em seguida, reproduzir os textos das mensagens na íntegra. Os capítulos se encerram com breves relatos sobre os efeitos práticos que as psicografias produziram nos contextos familiares dos que receberam demonstrações patentes de que seus amados continuam vivos.

Espero, com este trabalho, dar mais uma humilde colaboração em prol da disseminação dos benefícios da mediunidade séria, exercida com verdadeira abnegação fraterna, nos moldes consubstanciados por Allan Kardec nas obras da Codificação Espírita e praticados em caráter modelar por ninguém menos que Francisco Cândido Xavier. Meu propósito é o de compor com este volume, mas também com outros ainda vindouros, assim como com minhas palestras públicas e entrevistas, um repertório de casos que demonstre que a psicografia séria ainda viceja no Brasil.

Registro aqui o compromisso de destinar, a cada edição, os recursos provenientes da venda deste livro a entidades filantrópicas, uma vez que o objetivo da publicação não é financeiro.

Também desejo que as vidas aqui respeitosamente abordadas possam de alguma forma tocar outras vidas de modo a lhes proporcionar um pouco da paz que a certeza na imortalidade pode nos facultar.

1º CASO

A mais brilhante estrela do céu

Espírito comunicante: Ágata Munhoz Braga
Nascimento: 17 de junho de 2005
Desencarnação: aos 10 anos, em 17 de outubro de 2015
Mãe: Eloana Maria Munhoz
Pai: Itallo Pablo de Souza Braga
Irmãos: Pietro Munhoz Braga e Davi Munhoz Braga

A pequena Ágata desencarnou após um ano e meio de muita luta contra um meduloblastoma de grau 3. E, pouco mais de quatro meses após sua passagem, enviaria sua primeira carta através do médium Orlando Noronha Carneiro, gesto que repetiria um ano depois, com outra carta, também escrita por intermédio de Orlando.

Antes das cartas, Ágata já havia se comunicado com seus familiares através de outra médium, Célia Regina Genaro, que, em desdobramento, tomou contato com a criança. Até então, Célia não conhecia nem Ágata nem sua família, mas fez o que a menina pedia e através de suas informações conseguiu encontrar a lanchonete que os pais mantinham à época e, assim, relatar seu encontro com a pequena no plano espiritual.

"Nossa filha tentou nos tranquilizar através de Célia, mandando recados para demonstrar que estava viva e bem. Esses recados, que ela ainda continua a nos mandar, já nos confortavam muito, tanto que Célia se tornou uma grande amiga. Quando as cartas vieram através do Orlando, foi ainda mais reconfortante", relata a mãe, Eloana Munhoz Braga.

Primogênita da família, Ágata começou a apresentar, aos oito anos de idade, episódios frequentes de tontura e vômito que foram erroneamente tratados em atendimentos médicos como problemas digestivos. A certa altura, uma enfermeira, num dos atendimentos que a família buscou, desconfiou de que se tratasse de alguma enfermidade cerebral e fez alguns testes de comprometimento motor com Ágata e o resultado aumentou a desconfiança. Esse procedimento foi fundamental para que a abordagem médica mudasse e viesse a confirmar que, na verdade, os sintomas não eram digestivos, mas decorrentes de um tumor cerebral.

"Foi muito difícil de aceitar, porque um problema aparentemente simples se transformou de repente em algo tão sério e amedrontador, contra o qual nos sentimos impotentes. Os meses seguintes foram muito difíceis para todos da família, em especial para mim e meu marido. Largamos tudo para nos dedicarmos totalmente ao tratamento hospitalar da nossa filha", conta a mãe.

Ágata passou a ser tratada em um hospital localizado em Botucatu, distante quase 100 quilômetros de Bauru, cidade onde residia com seus pais e irmãos. "Eu e meu marido vivíamos integralmente para cuidar de Ágata no hospital, indo e vindo de Bauru a Botucatu quase diariamente. Vivemos cada etapa ao lado de nossa filha. Foi muito difícil, pois ela passou por doze cirurgias, teve paradas cardíacas e convulsões, além de entrar e sair várias vezes da UTI. Mas ela passou por tudo com muita grandeza de espírito, com muita força, otimismo e bom humor", lembra a mãe.

Os pais de Ágata criaram um movimento de apoio à filha, denominado Amigos da Ágata, nas redes sociais, como o Facebook. Segundo Eloana, através da iniciativa, eles conseguiram arrecadar recursos suficientes para ajudar no tratamento da menina. "Graças a Deus, muitas pessoas nos apoiaram, de modo que posso afirmar que não faltou nada para a nossa filha durante todo o seu tratamento. Somos muito gratos a todos que de alguma forma nos ajudaram".

A ideia da iniciativa veio de correntes de oração, organizadas por familiares e amigos sempre às 22 horas dos domingos. Depois de chegar às redes sociais, o movimento ganhou ainda mais força e passou a proporcionar, além de conforto emocional, amparo financeiro para o tratamento.

Eloana relata como Ágata sempre procurou viver, na medida do possível, situações de alegria e felicidade, mesmo nos instantes mais difíceis de seu tratamento. "Um dos momentos mais emocionantes foi o seu aniversário de 10 anos, comemorado em 17 de junho de 2015, o último que festejamos, já no hospital. Ela aproveitou a festinha com muita alegria, recebeu muitos presentes e fazia questão de demonstrar que estava vivendo um momento feliz", lembra a mãe.

Pouco depois de comemorar seu aniversário, em agosto de 2015, Ágata apresentou uma significativa melhora. "O exame de ressonância não detectou mais nenhum tumor. E passamos a ter a expectativa de voltar com nossa filha para casa e até de que a cura fosse possível. Mesmo sabendo que ela continuaria o tratamento via *home care*, seria uma grande vitória, mas infelizmente isso acabou não acontecendo", explica Eloana.

No mês seguinte, o quadro mudou completamente. De 23 de setembro a 17 de outubro de 2015, Ágata entrou em fase terminal. "Foram os piores dias das nossas vidas. Nossa filha teve várias paradas cardíacas, uma delas no dia do meu aniversário. Cheguei a conversar com ela, enquanto estava sedada, que não precisava mais lutar, porque percebia o quanto ela estava cansada. Depois de lutar tanto, nossa Ágata desencarnou, mas com um semblante sereno e linda como sempre foi", emociona-se a mãe, ao relembrar.

Para confortar seus dois outros filhos em relação à ausência da irmã mais velha Ágata, os pais sempre fazem os meninos procurarem a estrela mais brilhante no céu. Quando eles a encontram, afirmam: "Essa é sua irmã, Ágata, a estrela mais brilhante do céu".

PRIMEIRA CARTA PSICOGRAFADA

> Data de recebimento: 28 de fevereiro de 2016
> Médium: Orlando Noronha Carneiro
> Local: Centro Espírita Luz Divina (Bauru, SP)

Querida mãezinha Eloana;
Querido papai Itallo:

Como eu vou iniciar esta carta, se, ao mesmo tempo, eu seguro os soluços com lágrimas por essa oportunidade bendita?

O meu avô Anaurides me auxilia a escrever. E aquele que diz ser o "bisa" Arnaldo também está a meu lado, vendo-me enquanto escrevo.

Para que vocês saibam que sou eu, eu afirmo que voltei a falar novamente. Continuo com aquela voz que vocês dizem alegrava lá em casa, cheia de manhas, mas de amor por vocês. Mãe e pai, os meus grandes heróis.

Mãe, não sei como, mas meus cabelos já cresceram e são as pinturas como antes.

Estou com aquela cara menina que vocês se sentiam felizes em casa. Eu sou, mãe e papai, a criança de antes na alegria em casa, com o nosso Davi e nosso Pietro, meus irmãos que tanto amo.

Aquela fraqueza inicial e depois a confirmação do tumorzinho no cérebro. Sei que vocês estiveram comigo me dando forças, porque os médicos lindos que me trataram fizeram o possível para mim. E todas as cirurgias que aconteceram foram necessárias até que eu fui ficando com nítidas sequelas que me impediam o diálogo alegre que mantínhamos, mesmo no hospital.

Eu fui feliz, mesmo no curso de todo o tratamento. E sei que muita gente lutou com a gente, nos ajudando. Sei agora as dificuldades do papai Itallo para ficar comigo, mas era o que seu amor dizia em seu coração. Mãe, sou sim sua princesa, viva da Silva, aqui do outro lado, que é muito mais. Não pensem mais em mim no hospital ou leito. Não. Nada disso. O vovô me pede dizer que uma verdadeira flor jamais some e vai embora da vida. Bondade do vovô.

Mas sou a filha retornando para dizer que a vida não parou em mim naquele dia que a dor vem querer fazer morada em nossa casa.

Mãe, não se preocupe. Passe a dormir mais tranquila, porque eu já estou bem por aqui. Sim, eu viverei eternamente na lembrança de casa. Sabia que aqui a natureza é mais colorida que aí? Que as belezas são tão maravilhosas que a vida parece sorrir para mim? Não quero ver ninguém triste em casa. Só alegria, só alegria. *Help*, *help*, *help* para nós mesmos.

Valeu, hein? Vocês são tudo para mim. Esqueçam cirurgias e tudo. Sou aquela de sempre. Com saudade e com esperança. E obrigada mais uma vez por vocês, mãe e pai Itallo, por me amarem tanto e segurarem em minhas mãos no hospital. Ah, mãe, quando você segurava na minha mão no dia em que estava um pouco mais inquieta, eu sentia calma dentro de mim.

Meu beijo ao Davi e o Pietro.

Mãe e pai, amo, amo, amo vocês.
A filha de sempre em vocês e vocês em mim,

Ágata.
Ágata Munhoz Braga

SEGUNDA CARTA PSICOGRAFADA

Data de recebimento: 23 de abril 2017
Médium: Orlando Noronha Carneiro
Local: Centro Espírita Luz Divina (Bauru, SP)

Mamãe,
Papai Itallo:

Eu preciso ainda de lhes trazer notícias com a permissão dos instrutores espirituais.

Não será uma carta longa como eu e você desejaríamos. Mas, graças a Deus, mãe, estou aqui com toda a força do meu amor. Estou, mãe, em atividade e estudando cada dia, porque estou sabendo que a vida é aprender sempre. Com isso, fique tranquila quanto como está indo meus passos na vida espiritual. Sei das lutas que o papai Itallo vem enfrentando junto com você para que tudo fique bem em casa com meus irmãos, Davi e Pietro, e isso me conforta.

Chega, não é, mãe, de tantas angústias? Mas saiba que eu só fico a lembrar todos os nossos momentos bons. Não me prendo naqueles dias lá no hospital de tratamento. Aquela Ágata já era, porque estou bem de saúde, bem vigorosa para as novas lutas. Fico maravilhosamente feliz em ver você escutando as notícias anteriores. E que fico mais feliz é que deu uma trégua para não cair de vez em uma cama na depressão. Mãe, essa dorzinha aí vai continuar, será? Sim, porque a saudade marca, mas que bom, hoje, a nossa dor é amaciada pelo algodão da fé. Cheguei aqui com muitas crianças e que tornam do lado de cá o ambiente bem legal. Sinto ainda as suas mãos em minhas mãos lá no hospital quando você me olhava querendo me tranquilizar. Volte para casa com fé e esperança, porque você cada dia é minha mãe bonita, cheia de esperança.

Eu te amo, mamãe.

Ágata
Ágata Munhoz Braga

O QUE AS CARTAS DIZEM?

PRIMEIRA PSICOGRAFIA

Em fevereiro de 2016, Eloana soube que o médium Orlando Noronha Carneiro iria a Bauru. A desencarnação recente de Ágata não desencorajou a mãe a tentar uma mensagem.

A mãe relembra: "Eu pensei: o não eu já tenho, vou tentar o sim. Cheguei cedo, tanto que fui a segunda pessoa da fila. As fichas foram distribuídas a partir das seis horas da manhã e as psicografias só começaram às quatro da tarde. As únicas informações que pus na ficha foram o nome da minha filha, suas datas de nascimento e desencarnação. Na conversa prévia com Orlando, ele me perguntou: 'É sua princesa? Quem é Ittalo? E Pietro? E Davi?' Já aí me emocionei demais, porque não havia dito nada a ele sobre meu marido e sobre os irmãos de Ágata. Ele segurou minhas mãos e disse: 'Vamos aguardar, mãe'".

As esperanças de Eloana se tornaram realidade e Ágata enviou sua primeira carta psicografada (reproduzida na próxima seção deste capítulo), repleta de detalhes íntimos, só sabidos por ela e seus pais.

Na primeira carta, os seguintes detalhes, segundo Eloana, demonstram a autenticidade da mensagem, pois não foram relatadas ao médium e por serem detalhes íntimos, compartilhados só entre familiares mais próximos:

a) Menção de estar acompanhada pelo avô Anaurides e pelo bisavô Arnaldo, ambos desencarnados antes de Ágata;

b) Menção à retomada da voz: Por conta do procedimento de traqueotomia ao qual foi submetida na sua hospitalização, Ágata havia, em vida física, ficado sem voz, uma vez que tal intervenção comprometeu as suas cordas vocais. Sobre isso, Ágata afirma em sua mensagem: "Para que vocês saibam que sou eu, eu afirmo que voltei a falar novamente";

c) Menção ao crescimento do cabelo: quando o primeiro ciclo de quimioterapia estava prestes a ser iniciado, a mãe cortou os cabelos da filha, estando esta, naquela altura, inconsciente. Foi um dos momentos mais marcantes do tratamento para ambas;

d) Menção a detalhes da hospitalização: ao mencionar que "médicos lindos" a trataram, Ágata relembra, com bom humor, que no hospital admirava a beleza de um médico em particular por quem nutriu uma amizade especial. Também relata todo o desenvolvimento de seu problema de saúde em linguagem infantil, com expressões como "tumorzinho";

e) Menção à luta do pai: Ágata diz textualmente que só como espírito, após o desencarnação, portanto, veio a saber de tudo o que seu pai teve que fazer para estar sempre a seu lado (ele largou o emprego e os negócios para estar integralmente ao lado da filha, passando a manter a família graças às doações das pessoas que se sensibilizavam com a campanha Amigos da Ágata);

f) Menção à forma carinhosa como era chamada pelos pais: ao dizer "Mãe, sou, sim, sua princesa, viva da Silva, aqui do outro lado", Ágata marca sua carta com a forma como era chamada frequentemente no convívio familiar. O tratamento de "princesa" era frequente, em especial, entre mãe e filha. Já na conversa prévia que o médium manteve rapidamente com a mãe, antes da seção de psicografia, a forma de tratamento foi mencionada por Ágata para dar um sinal à mãe de que se comunicaria. Na carta, ela faz questão de reafirmar o modo carinhoso como era chamada;

g) Menção às conversas mentais que a mãe mantém com ela após a desencarnação: é frequente que Eloana converse com Ágata, mente a mente, antes de dormir. Nesses diálogos, uma dúvida recorrente que afligia a mãe dizia respeito ao modo como Ágata estaria vivendo no mundo espiritual, sobretudo se já estaria curada. A filha responde na carta: "Mãe, não se preocupe. Passe a dormir mais tranquila, porque eu já estou bem por aqui";

h) Menção ao modo positivo como enfrentou a doença e o tratamento no hospital: Ágata demonstra claramente a disposição de ânimo com o qual viveu os dias no hospital. Segundo a mãe, ela foi feliz, mesmo em meio às dificuldades. E isso é textualmente citado pela filha na carta: "Eu fui feliz, mesmo no curso de todo o tratamento";

i) Menção ao aprendizado da língua inglesa: Ao afirmar "*Help, help, help* para nós mesmos", Ágata discretamente faz uma relação ao que estava aprendendo nas aulas de inglês, pouco antes de adoecer, outro detalhe íntimo do convívio familiar;

j) Menção ao hábito de os pais segurarem suas mãos durante o tratamento hospitalar: o gesto de darem as mãos era uma das demonstrações de carinho mais significativas entre a filha e os seus pais. Mesmo quando estava inconsciente, esse carinho era exercido como um laço que jamais seria desfeito. E Ágata faz questão de demonstrar como isso foi importante: "E obrigada mais uma vez por vocês, mãe e pai Itallo, por me amarem tanto e segurarem em minhas mãos no hospital. Ah, mãe, quando você segurava na minha mão, no dia em que estava um pouco mais inquieta, eu sentia calma dentro de mim".

SEGUNDA PSICOGRAFIA

Em abril de 2017, o médium Orlando Noronha voltou ao mesmo Centro Espírita onde havia estado no ano anterior, ocasião em que Ágata mandara sua primeira carta. Na segunda ocasião, sua mãe, Eloana, se fez novamente presente e voltou a receber uma psicografia (igualmente reproduzida na próxima seção deste capítulo), também repleta de detalhes só sabidos por mãe, pai e filha.

a) Menção à brevidade da carta: logo no início da mensagem, Ágata afirma à mãe: "Não será uma carta longa como eu e você desejaríamos". Trata-se de resposta à conversa mental estabelecida pela mãe, na qual Eloana pediu à filha que abordasse vários assuntos, caso voltasse a enviar uma carta psicografada;

b) Menção à depressão da mãe: Ágata dá outra forte demonstração de conexão mental com a mãe, ao chamar a atenção para a necessidade de reação contra os momentos de tristeza. Ela inquire a genitora: "Chega, não é, mãe, de tantas angústias?" E sugere à mãe que siga seu exemplo e não relembre mais as passagens difíceis da época de hospitalização: "Não me prendo naqueles dias lá no hospital de tratamento. Aquela Ágata já era, porque estou bem de saúde, bem vigorosa para as novas lutas". Mas a preocupação quanto a um possível quadro depressivo da mãe é retomada em outros momentos, parecendo ser um receio recorrente da filha para com a mãe: "E que fico mais feliz é que deu uma trégua para não cair de vez em uma cama na depressão. Mãe, essa dorzinha aí vai continuar, será?";

c) Menção à percepção como espírito dos momentos em que a mãe revê o vídeo gravado durante a leitura da primeira psicografia: Ágata demonstra tomar contato com os momentos em que sua mãe, ao rever sua primeira psicografia, sente-se mais reconfortada: "Fico maravilhosamente feliz em ver você escutando as notícias anteriores";

d) Nova menção ao hábito de darem as mãos durante o tratamento hospitalar: o gesto marcante de carinho recebido é novamente citado, dada a importância como laço familiar. "Sinto ainda as suas mãos em minhas mãos lá no hospital quando você me olhava querendo me tranquilizar";

e) Menção à necessidade de a mãe manter a vaidade: segundo a mãe, ao afirmar "você cada dia é minha mãe bonita", Ágata tenta fazer a mãe retomar os cuidados de beleza, tão marcantes antes da doença da filha.

DESENHOS SIGNIFICATIVOS

Na mesma seção em que se comunicou psicograficamente pela segunda vez, Ágata também se serviu das faculdades mediúnicas de Orlando Noronha Carneiro para compor duas ilustrações infantis com forte significado para a família (ambos são reproduzidos na próxima seção deste capítulo). Nelas, a menina desenhou astros de intenso brilho: num transforma a letra "a" inicial do seu nome em uma estrela de cinco pontas; noutro ela desenha o sol e escreve a frase: "Mãe, não tem pedras no caminho que vençam o sol". Essas referências da comunicante a astros que brilham intensamente no céu, de noite e de dia, podem ser interpretadas como alusivas à explicação dada pelos pais aos irmãos pequenos para confortá-los com relação à sua ausência física: "sua irmã se transformou na estrela mais brilhante do céu".

IMPORTÂNCIA DAS PSICOGRAFIAS PARA A FAMÍLIA

"Ainda sofremos, mas a certeza de que ela está bem, através das cartas, ameniza a dor da saudade". Assim Eloana resume o significado das cartas na vida de sua família. E conclui: "Mesmo com tão pouco tempo de vida física, minha filha conseguiu deixar um forte legado: a caridade através dos Amigos da Ágata continua sendo feita, agora em favor de outras crianças".

DESENHOS MEDIÚNICOS

Data de recebimento: 23 de abril de 2017
Médium: Orlando Noronha Carneiro
Local: Centro Espírita Luz Divina (Bauru, SP)

2º CASO
"Mainha, mainha!"

Espírito comunicante: Matheus Medeiros Damásio
Nascimento: 8 de agosto de 1994
Desencarnação: aos 21 anos, em 29 de abril de 2016
Mãe: Neiliane Medeiros Santos Lima
Pai: Wagner Damásio Pereira Lima
Irmãos: Lucas e Marina Medeiros Damásio

"— Matheus, Matheus!"
"— Mainha, mainha!"

Um diálogo tão curto entre mãe e filho, trocado tantas vezes, desde a infância, como uma advertência repleta mais de carinho do que repreensão. Assim Neiliane se comunicava com seu filho Matheus quando era necessário repreendê-lo sem perder a ternura maternal.

"Quando eu precisava reclamar, eu repetia duas vezes seu nome: 'Matheus, Matheus!'. E ele, como resposta, em tom de brincadeira, respondia do mesmo jeito, repetindo também duas vezes o modo como me chamava: 'Mainha, mainha!' Era assim desde criança, e esse hábito continuou quando ele já era adulto", explica a mãe.

Mal sabia Neiliane que um hábito simples de carinho um dia ganharia um significado inédito, que jamais conseguiria imaginar. Quase dois anos após a sua morte, Matheus escolheu a forma íntima de tratamento com sua mãe para demonstrar que estava presente em uma reunião de psicografia e mais: que se comunicaria por escrito, com palavras e um desenho que não deixariam dúvidas quanto à autenticidade da sua comunicação mediúnica.

A data era 18 de março de 2018. O local: o Centro Espírita Irmãos do Caminho, localizado em Ponta Negra, mesmo bairro em que Matheus vivera com sua família em Natal, Rio Grande do Norte. Naquele domingo, o médium Orlando Noronha Carneiro estava na capital potiguar para psicografar cartas consoladoras de desencarnados a seus familiares que permanecem na vida física.

Neiliane relata como foi a primeira experiência reveladora naquele dia: "Uma amiga que faz curso de mosaico comigo me convidou para a sessão de psicografia com Orlando Noronha. Cheguei cedo e, como todos que estavam lá, preenchi uma ficha simples com campos apenas para nomes dos desencarnados e das pessoas que desejavam receber uma carta, além de datas de nascimento e morte do possível comunicante. Eram cerca de 200 pessoas. E Orlando fez questão de conversar pessoalmente com cada pessoa que desejava uma mensagem, antes de começar a psicografar as cartas. Quando chegou a minha vez de falar com o médium, tive a primeira grande emoção daquele dia. Orlando viu na ficha que meu filho morreu ainda muito jovem e perguntou por quê. Eu respondi apenas: 'droga'. Em seguida, ele descreveu como se deu a morte do meu filho sem que eu falasse nada a respeito: 'um tiro no tórax'. Já fiquei muito emocionada, mas o mais impressionante veio depois. Orlando me disse que Matheus estava presente conosco e que pediu para que apenas falasse assim para mim: 'Mainha, mainha!' A emoção foi indescritível, porque tive a certeza que só meu filho poderia ter dito isso para o médium. A alegria já era imensa, pois tive uma prova de que ele estava vivo e bem. Só isso já valeria por uma carta psicografada. Se eu não recebesse uma mensagem escrita, já estaria muito feliz".

UMA VIDA FELIZ ALTERADA

Uma família típica, com pai, mãe e três filhos, vivendo os desafios do cotidiano com amor, união e cuidados recíprocos, que é afetada pela droga. Assim pode ser resumida a trajetória recente da família Damásio.

"Infelizmente, Matheus, em torno dos 18 anos, começou a usar maconha. E daí, passou para outras drogas, como as sintéticas, tão consumidas nas festas *rave*. O pior foi ele, por conta do ambiente desse mundo de consumo de entorpecentes, acabar se envolvendo com pessoas perigosas, dispostas a cometer até crimes. Fizemos de tudo para Matheus sair desse mundo, mas nada adiantou", relembra a mãe, Neiliane.

A história de Matheus é, de fato, um exemplo de trajetória alterada. Seus irmãos, Lucas e Marina, seguiram caminhos totalmente diferentes, marcados por tranquilidade, dedicação aos estudos e formação universitária. Lucas hoje tem 28 anos, é formado em ciências contábeis e exerce a carreira de bancário. Marina, atualmente com 19 anos, cursa direito e realiza estágio no Tribunal de Justiça do Rio Grande do Norte. Lamentavelmente, Matheus seguiu por um rumo diferente dos irmãos.

"Nunca faltou nada para nenhum dos nossos três filhos. Morávamos no interior do Rio Grande do Norte, numa cidade chamada Caicó. Para darmos acesso a colégios melhores, nos mudamos para a capital, Natal. Lucas e Marina se dedicaram totalmente aos estudos, mas Matheus apresentava um comportamento muito diferente, chegando até a abandonar completamente os estudos. Ele me dizia que nada que eu fizesse para ele continuar estudando iria adiantar. Dizia que eu gastaria dinheiro em vão, pois ele não assistiria às aulas. Fiquei muito preocupada e passei a levá-lo comigo ao restaurante que gerencio em Natal. Mas o problema da droga continuava e ele acabou saindo de casa, depois que meu marido começou a pressioná-lo mais. Mesmo assim, eu mantinha contato telefônico com ele todo dia. Sempre antes de dormir e ao acordar, ligava para ele e dizia que o amava. Ainda que de longe, tentávamos ajudar. Depois percebi que se afastar da família foi uma forma de nos preservar contra as pessoas perigosas com quem ele passou a conviver", relata Neiliane.

DESENCARNAÇÃO TRÁGICA

Manhã de 29 de abril de 2016. Uma sexta-feira. Como de costume, Neiliane conversa por telefone com Matheus e dessa vez o convence a ir almoçar com a família. "Estava me recuperando de uma cirurgia e pedi para ele vir me visitar e almoçar conosco. Disse que ele poderia comer os pratos de que mais gostava e que ele trouxesse roupa suja para lavar aqui em casa. Ele concordou e disse que em breve chegaria. Foi a última vez que falei com ele em vida", emociona-se a mãe, ao relembrar a data de desencarnação do filho.

Antes de ir ao almoço familiar, Matheus e seus amigos invadiram uma casa em Natal com o objetivo de realizar furtos. Policiais que patrulhavam o bairro perceberam a movimentação incomum dos rapazes e agiram para impedir o delito. Todos conseguiram fugir, menos um. Matheus foi atingido no tórax, não resistiu ao ferimento e desencarnou no local. Era o fim de uma existência física que tinha tudo para ser diferente.

DE MÃE PARA MÃE?

A família Damásio, agora em luto, passou a ter que viver com o significado da ausência de um filho. Apesar de professarem a religião católica, a possibilidade de sobrevivência após a morte e de comunicabilidade com os espíritos lhe dava a perspectiva de conseguir algum alento.

"Eu sempre percebi sinais de que Matheus estava vivo como espírito. Mas nada comparável a uma mensagem escrita, psicografada. Sonhava com alguma frequência que o reencontrava. E um dia em que eu estava particularmente triste, pedi um sinal para eu saber se Matheus estava bem. De repente, meu marido surge com um papel nas mãos e me entrega. Era uma cartinha de dia das mães que Matheus havia feito na escola quando tinha cinco anos. Nela ele dizia que me amava. Meu marido a havia encontrado quando estava fazendo uma arrumação no quarto da bagunça", recorda-se Neiliane.

Uma outra ocorrência curiosa aumentou a percepção da mãe quanto à possibilidade de comunicação espiritual. Neiliane estava se dedicando a um curso de artesanato em mosaico como forma de distração e, em especial, de ressignificação do luto. Em certa aula, uma das colegas de curso estava chorosa por conta da morte recente do marido e desabafou com as colegas. Ao ouvir o relato, Neiliane, que também estava em luto, começou a chorar, mas não disse nada a respeito da desencarnação do seu filho. Alguns dias depois, outra colega do curso, entrou em contato por WhatsApp relatando que era médium e que havia recebido uma mensagem espiritual a respeito de seu filho desencarnado. Ela afirmou que a autora da mensagem era a mãe de Matheus em outra encarnação.

Eis o conteúdo da mensagem repassada pela colega de curso a Neiliane:

Querida e amada Neilinha,

É com o coração cheio de felicidade que escrevo essas poucas linhas.

Estava já há algum tempo procurando alguém que pudesse lhe falar um pouco sobre o nosso filho, que nessa vida atual é o seu filho Matheus.

Tivemos a felicidade de entregar o nosso filho em seus braços amorosos e do pai maravilhoso que o recebeu, mesmo sabendo, no mundo espiritual, que ele seria um filho difícil e que partiria cedo para a casa do Pai, para a eternidade.

Ele foi resgatado. Vou contar um pouco da história desse filho. Há muitos e muitos anos, nós tentávamos resgatá-lo de uma área, de uma condição de muita dor e sofrimento pela situação psicológica em que ele se encontrava. Quando o médico falou para você em psicopatia, era porque Matheus realmente tinha uma psicopatia. Mas foi o amor e a proteção de vocês que possibilitaram a mudança no padrão vibratório e na mente dele e ele pôde voltar para casa.

Vou contar um pouco sobre isso. Na programação espiritual do nosso filho, do seu filho Matheus, existia uma psicopatia muito severa na área das energias mentais dele. E vocês se prontificaram em recebê-lo e tentar ajudar a nós, pais desesperados, e a ele, um filho que estava perdido. E foi assim acertado no mundo espiritual. Vocês o recebendo como filho e os dois irmãos que iriam ajudá-lo. Por isso que ele veio entre um e outro, porque ele foi protegido magneticamente pela energia desses dois irmãos por um longo período.

De todas as vidas que ele tem vivido nas últimas centenas de anos, essa aí com vocês foi a oportunidade mais feliz. Ele teve muito amor e foi muito feliz com vocês. E o que aconteceu com ele foi muito pouco em comparação ao que já tinha acontecido antes. E os sentimentos que foram desenvolvidos na sua mente, no seu coração, pela proteção e pelo amor de vocês, fizeram uma grande diferença. Hoje o nosso filho está numa região de luz, se assim podemos falar, pois ele está num local onde recebe tratamento. Lembra que você queria levá-lo para uma clínica, onde ele receberia um tratamento? Pois bem, é um local assim onde ele se encontra hoje, com grandes possibilidades de ficar bom das energias mentais que o atordoaram durante centenas e centenas de anos. Eu fico muito feliz de ver o meu filho, o nosso filho, prosperando gradativamente.

Naquele dia que ele marcou com você de lhe encontrar, já fazia alguns dias que estava pensando sobre o valor da família que tinha, sobre como vocês eram bons e sobre como a amava. O amor que ele sente por você foi o que salvou esse espírito, o resgatou de volta para a casa do Pai.

E o pai? Como ele estava lembrando do pai? Ele dizia assim: esse é o melhor pai que eu poderia ter. Esse pai que eu tenho é o melhor que eu poderia ter. E ele estava longe de vocês para protegê-los. Ele saiu de perto de vocês principalmente para proteger a irmã.

Então, ele hoje está num local onde pode ser tratado, onde está sendo tratado. E ele pode ter a possibilidade de voltar a ser uma pessoa equilibrada emocional e psicologicamente.

A você o nosso muito obrigado. Não existe palavra capaz de expressar completamente o agradecimento de uma mãe que vê um filho salvo. E o nosso filho está salvo. Muito obrigada. O seu filho está salvo. Ele está bem. Ele está crescendo e ele está se reequilibrando. Muito obrigada a você. Chamo-a carinhosamente de Neilinha. Um grande abraço e um beijo no coração. Deus a proteja grandemente.

Neiliane dá total credibilidade a essa mensagem, por ter sido enviada a ela espontaneamente, sem que, segundo ressalta, não houvesse contado à colega nada a respeito da história de vida e sobre as circunstâncias da morte do seu filho. E relata que o conteúdo faz menção a aspectos privados sabidos apenas por poucas pessoas da família, como a possível psicopatia do filho, aventada por um médico em certa consulta, a vontade de interná-lo numa clínica para tratamento de dependentes químicos e o fato de Matheus ter se afastado da família como um modo de preservar os familiares das pessoas perigosas com quem convivia. "Fiquei muito impressionada com essa mensagem, que também me proporcionou muito consolo", afirma Neiliane.

Faltam maiores detalhes para atestar a autenticidade dessa mensagem por não conhecermos a médium nem termos informações acuradas sobre as circunstâncias em que foi produzida. No entanto, o relato da mãe é um indício de credibilidade inegável, sobretudo por afirmar que detalhes íntimos foram abordados. Caso seja verdadeira, perspectiva que nos parece plausível, ajuda a entender as tendências demonstradas por Matheus, tão diferentes das dos seus irmãos, e, mais que isso, apresenta o alento de perceber que, mesmo com tantos problemas, sua última vida foi um resgate e uma verdadeira mudança de rota para novas vidas a serem marcadas pela redenção no bem. E a chave para isso é o amor proporcionado por uma família abnegada, que, mesmo em meio a tantas dificuldades, não abandonou um filho com sérias dificuldades, proporcionando-lhe sempre um ambiente de acolhimento e oportunidades de mudança. E o suposto fato de ser enviada por uma mãe de encarnação anterior para outra mãe de encarnação atual depõe a favor da pluralidade de existências, alicerçada na solidariedade entre as dimensões física e espiritual.

"Um dos detalhes dessa mensagem foi confirmado para mim por uma terceira pessoa, um amigo de Matheus, que não sabia nada sobre essa comunicação. Esse amigo me relatou que, poucos dias antes de morrer, Matheus estava muito triste e conversou com ele, dizendo estar arrependido de tudo o que tinha feito, que tinha pena de mim por me fazer sofrer e que, se pudesse, já teria voltado para casa. E isso é relatado na mensagem", explica Neiliane.

CARTA PSICOGRAFADA

Data de recebimento: 18 de março de 2018
Médium: Orlando Noronha Carneiro
Local: Centro Espírita Irmãos do Caminho (Natal, RN)

Mãe e papai Wagner, quem me traz aqui é minha avó Talina.

Chego aqui com a condição do filho que precisa pedir mil perdão aos seus pais. E de meus irmãos, o Lucas e a Marina.

Mãe e pai, me perdoem por ter dado mais atenção à droga e me envolver em companhias não bacanas. Em casa para mim nunca me faltou nada. Nada mesmo. Mas deixei me envolver pelo bacana da moda, o experimento da droga, e não fica aí, pois este mundo é escuro, com grandes e graves consequências.

Eu acho que a droga é como se colocássemos uma venda nos olhos, pagássemos uma moto e saíssemos a mais de cem por hora. O que vai dar só Deus sabe. E deu no que deu. Me envolvi na trama da ação triste com os parceiros e saí mal. E vi que depois fui saber pela vó Natalina que me ajudou e me fez entender aqui todas as coisas.

Hoje vou levando a vida com melhor responsa. Entendi tudo o que fiz de besteira e agora me resta consertar o caminho.

Mãe, sou aquele filho com a mania de, ao conversar, levantava os braços, cruzava o pulso com as mãos e o dedo indicador, fazendo apontamentos. Você sabe disso, né?

Mas queria me lembrar sem camisa e daquele jeito em casa. Mas para que você tenha aquela certeza, deixo uma mostra de minha bermuda vermelha que você curte lá em casa. Me perdoe, mamãe.

Matheus Medeiros Damásio

Nota: com auxílio do médium, o comunicante encerrou sua carta com o desenho de uma bermuda, pintada de vermelho. Reproduzimos foto do desenho na próxima página, ao lado da bermuda real que serviu como modelo à ilustração feita pelo espírito na sua psicografia e que a mãe guarda como recordação.

É O FILHO QUEM FALA

O segundo momento que Neiliane viveria na reunião de psicografia com o médium Orlando Noronha Carneiro seria como um verdadeiro reencontro com o seu filho. Dessa vez, o próprio Matheus falaria pessoal e diretamente com sua mãe através de palavras e desenho registrados em papel com a ajuda de um médium.

"Ao todo, foram sete cartas psicografadas e uma delas foi de Matheus para mim e para o pai. E a mensagem está repleta de detalhes, como nome de familiares, que eu não escrevi na ficha nem disse a ninguém na reunião. Foi nosso próprio filho quem escreveu e falou conosco dessa vez", afirma Neiliane.

Segundo a mãe, os detalhes que serão descritos a seguir atestam a veracidade da comunicação, porque dizem respeito a aspectos não informados nem ao médium nem a membros do Centro Espírita onde se realizava a sessão de psicografia, havendo inclusive fato mental vivenciado pela destinatária não compartilhado com qualquer pessoa, nem mesmo com seus familiares.

a) Menção do espírito ao fato de estar sendo acompanhado pela bisavó, desencarnada muitos anos antes, chamando-a pelo apelido familiar (Talina) e pelo nome (Natalina): a mãe afirma que não informou nada a respeito da familiar desencarnada, a quem o filho chama de vó, mas que era, na verdade, sua bisavó, com quem convivera em vida e a quem era muito ligado emocionalmente na infância e adolescência;

b) Menção aos nomes dos irmãos, Lucas e Marina: a mãe enfatiza que sequer informou ao médium que Matheus tinha dois irmãos, não declinando, logicamente, seus nomes na ficha de atendimento ou verbalmente;

c) Referência ao envolvimento com drogas e com companhias perigosas: Matheus aborda as circunstâncias que desvirtuaram sua vida em família e enfatiza a ação delituosa em que se envolveu com os colegas, da qual resultou a sua morte por ação policial ("Me envolvi na trama da ação triste com os parceiros e saí mal").

A mãe afirma que não relatou a ninguém na sessão de psicografia o modo como o filho foi morto;

d) *Alusão ao fato de ter compreendido como se deu sua desencarnação só após o trespasse, já no mundo espiritual e com auxílio da bisavó desencarnada*: a mãe afirma que essa característica da comunicação coincide com a morte rápida pela qual o filho passou (tiro fatal no tórax);

e) *Citação de gesto comportamental peculiar e marcante na convivência íntima familiar desde a infância ("Mãe, sou aquele filho com a mania de, ao conversar, levantava os braços, cruzava o pulso com as mãos e o dedo indicador, fazendo apontamentos. Você sabe disso, né?")*: De acordo com sua mãe, Matheus tinha o hábito aludido na carta e isso sempre a incomodou, porque ele, até dormindo, cruzava os braços. Trata-se, segundo ela, de algo muito íntimo de sua família, não sendo um fato sabido por terceiros;

f) *Outro hábito peculiar mencionado – estar quase sempre sem camisa*: a mãe afirma que era outro hábito típico do filho, também da intimidade familiar. "Até quando íamos trabalhar no restaurante, ele percorria todo o caminho sem camisa e só a vestia quando chegávamos", explica Neiliane;

g) *Ponto alto da comunicação – o espírito, ao final da carta, desenha uma bermuda e a pinta na cor vermelha*: "Um dos traços marcantes do estilo de vestir do meu filho era a preferência por peças na cor vermelha. Isso virou até brincadeira na nossa família. Lucas, seu irmão, sempre dizia: 'Matheus só veste roupa vermelha'. Esse detalhe por si só já é impressionante, mas há algo mais nessa parte da carta. Alguns meses após a morte de Matheus, nós doamos suas roupas a uma instituição que cuida de dependentes químicos. Como lembrança, sem contar a ninguém, nem mesmo a meu marido, guardei duas peças vermelhas, uma camisa e uma bermuda, a mesma que ele desenhou na carta. Ou seja, era uma informação que só existia na minha mente, foi um gesto só meu, presenciado por meu filho como espírito", explica a mãe. Ao final do capítulo, reproduzimos fotos do desenho psicografado e da bermuda guardada pela mãe;

h) *Reiterados pedidos de perdão aos familiares*: em três momentos de sua carta, Matheus pede perdão aos pais e aos irmãos por ter se envolvido com drogas e ações delituosas. Para a mãe, esse detalhe condiz com o estado de arrependimento que Matheus demonstrou ainda em vida a um amigo e que foi a ela relatado na primeira comunicação espiritual, enviada espontaneamente através de uma colega de curso de artesanato.

IMPORTÂNCIA DA PSICOGRAFIA PARA A FAMÍLIA

Neiliane afirma que a carta psicografada foi muito bem recebida por todos os familiares. Ela e sua família, por tudo o que foi relatado, acreditam na autenticidade da comunicação. "Sinto alegria e alívio por ter certeza que meu filho está bem e que se recuperará totalmente. Vivi esse dia de sessão de psicografia como um dia de encontro com meu filho Matheus. Fui lá ao Centro e me reencontrei pessoalmente com meu Matheus", enfatiza a mãe.

3º CASO
Duplo reencontro

Espírito comunicante 1: Matheus Winke Jacobsen
Nascimento: 16 de abril de 1991
Desencarnação: aos 23 anos, em 20 de maio de 2014

Espírito comunicante 2: Alexandra Winke Jacobsen
Nascimento: 20 de julho de 1980
Desencarnação: aos 36 anos, em 11 de junho de 2017

Mãe: Elda Winke Jacobsen
Pai: Ederaldo Jacobsen
Irmão: Wagner Winke Jacobsen

A experiência de ver um filho desencarnar é uma das mais dolorosas para os que se encontram no plano físico. Não à toa, mães e pais em luto compõem a maioria do público que acorre às sessões de psicografia. Ser precedido por sua descendência no retorno à pátria espiritual parece subverter a suposta ordem natural do ciclo da vida. Quem concebe filhos geralmente é quem parte primeiro. Certamente a quebra de tal expectativa é um dos fatores que aumentam o anseio de genitores por respostas, através de seus próprios filhos, em cartas psicografadas. Além de ouvi-los falar sobre os porquês de tão abrupta partida, querem sabê-los vivos e bem, como sempre fizeram em cada segundo de suas vidas na Terra.

Num dos tantos domingos de psicografia que preenchem o calendário de esperanças por uma comunicação espiritual, Elda Winke Jacobsen era uma dessas mães ansiosas. Tinha certamente a mesma dor e a mesma saudade de outras mães e pais, que, como ela, estiveram sentados nas cadeiras da Sociedade Espírita Paz e Amor, em Porto Alegre, no dia 8 de abril de 2018, para ver o médium Orlando Noronha Carneiro compor mensagens psicografadas. E, no seu peito, havia a mesma sensação de ausência, o mesmo vazio por não ouvir a voz de quem tanto se ama e por não abraçar o corpo de quem um dia esteve em seu ventre, antes de rever a luz do mundo. No entanto, algo tornava Elda diferente da maioria ou até mesmo da totalidade dos pais e mães presentes naquela sessão de psicografia: não só um, mas dois dos seus três filhos haviam retornado antes dela para a dimensão espiritual.

E outro fato viria a acontecer no mesmo dia para tornar aquela mãe ainda mais peculiar, desta feita, não mais apenas em relação ao público presente à sessão de psicografia, mas *sui generis* até mesmo na história das mensagens psicografadas. Algo raro aconteceu: dois espíritos, que foram irmãos consanguíneos na última experiência física, comunicaram-se através de uma mesma carta psicografada. Ou seja, um e outro utilizaram-se das faculdades do mesmo médium, na mesma sessão, na mesma carta. Matheus abriu a missiva dirigindo-se à mãe e ao pai e de antemão anunciou que, após passar a sua mensagem, sua irmã continuaria o recado no mesmo fluir mediúnico, sem que a conexão mediúnica se desfizesse.

Lembrando as palavras do saudoso médium Chico Xavier, pode-se dizer que o telefone tocou de lá para cá, mas a linha foi utilizada não por um, mas por dois espíritos. Com certeza, algo raro e talvez sem precedentes.

A FAMÍLIA WINKE JACOBSEN

Radicados em Canoas, município da Grande Porto Alegre, os Winke Jacobsen são uma típica família gaúcha, formada por descendentes europeus, de alemães e poloneses. Elda e Ederaldo tiveram três filhos: Wagner, Matheus e Alexandra.

De tradição católica, para eles saber a respeito da sobrevivência ou não do espírito após a morte não fazia parte de suas preocupações, com exceção de Alexandra, para quem livros espíritas eram leituras com as quais tinha familiaridade. Isso viria a mudar, sobretudo para a mãe, Elda, infelizmente pelo decesso primeiro de seu filho mais novo, Matheus, e depois de sua filha Alexandra.

A PARTIDA DE MATHEUS

"Ele era muito brincalhão. Estava sempre ao meu lado e gostava de cozinhar. Tinha um coração puro, com muito amor com todos, tanto que, se fosse preciso, tirava a própria roupa do corpo para dar a alguém". Assim Elda tenta resumir a personalidade do seu filho Matheus.

No entanto, mesmo sendo um rapaz tranquilo, amável e amado pela família e amigos, ele passou a fazer uso de drogas. E, como acontece com tantas famílias que se veem diante desse tipo de problema, começou para os Winke Jacobsen uma fase de muito sofrimento, cujo desfecho foi a morte de um filho. "Lutei muito para tirá-lo das drogas, mas não consegui. Eu sempre me culpei pelo que aconteceu com ele", emociona-se a mãe ao relembrar.

Segundo Elda, Matheus começou a vivenciar momentos de depressão sem causa aparente. Ainda que não gostasse de estudar, tendo cursado só até o fundamental, ele tinha emprego como auxiliar de produção, vivia uma boa relação com a namorada, possuía amigos e morava com os pais. "Da depressão ele passou às drogas. Mas conversava muito comigo e sempre pedia ajuda para conseguir sair. Lutamos muito para que tudo fosse diferente", conta a mãe.

A situação infelizmente chegou a um ponto radical. Após um período de internação para tratamento do quadro depressivo e de dependência química, Matheus, já em casa, saiu de madrugada e fez uso de álcool e outras drogas. E o pior viria depois: na volta para casa, às 6 horas da manhã de 8 de março de 2014, ele tentou suicídio através de enforcamento num terreno próximo a sua residência. Só não conseguiu pôr fim à própria vida porque um vizinho o socorreu a tempo.

Os pais foram chamados, e Matheus foi encaminhado às pressas, com parada respiratória, a um hospital, onde recebeu os primeiros socorros. Lá seria submetido a um longo tratamento, que durou 75 dias e cujo prognóstico de cura, embora improvável, em determinado momento passou a ser possível.

"Os médicos nunca me deram esperanças. Mas meu filho, aos poucos, foi conseguindo melhorar e apresentar vários gestos positivos. Apesar de não conseguir falar, por ter sido submetido a uma traqueostomia, fazia questão de estar sempre comigo e se comunicava como era possível. Ele dormia agarrado à minha mão. Quando eu ia ao banheiro, me acompanhava com os olhos. Se eu saía de perto, ele se agitava muito. Tentávamos ter momentos de descontração. Eu colocava fones nos ouvidos dele para que pudesse ouvir os jogos do seu time, o Grêmio. Ele sorria quando eu falava que ele estava arrasando corações no hospital", relembra Elda a respeito dos longos dias ao lado do filho hospitalizado.

Um dos momentos mais difíceis foi a comemoração do 23º aniversário de Matheus, ainda no hospital, no dia 16 de abril de 2014. Sem que ele e sua família soubessem, esse momento marcou o período de mudança para pior no quadro clínico do rapaz.

"Depois desse dia, começou uma febre que os médicos não sabiam o que era. Levaram algum tempo para descobrir que Matheus havia se infectado com uma bactéria resistente a antibióticos. Quando chegaram ao diagnóstico, meu filho já estava com os rins e intestinos comprometidos. E infelizmente, pouco mais de um mês depois do seu aniversário, ele faleceu. Foi muito triste ver o sofrimento dele e não poder fazer nada", relata Elda com emoção.

A PARTIDA DE ALEXANDRA

Os Winke Jacobsen tiveram de prosseguir a vida sem a presença física de um amado filho. Não foi nada fácil, mas a irmã Alexandra, munida de conhecimentos espíritas, tentava consolar, em especial, a mãe Elda, proporcionando-lhe contato com a literatura da doutrina e com filmes espiritualistas.

"No começo foi muito difícil para toda a família, mas Alexandra estava ali dando forças para nós. Sempre me pedia para aceitar a partida de Matheus, dizendo 'mãe, Matheus ia ter que viver em cima de uma cama, foi melhor deixar ele partir'. Ela conversava muito sobre o espiritismo comigo, me dava conselhos", conta Elda.

Alexandra, filha mais velha dos Winke Jaconsen, aos 17 anos passou a apresentar um quadro de epilepsia, com o qual teve que conviver a vida inteira. Mas a primeira convulsão foi bastante marcante para ela e a mãe, pois, ao que tudo indica, a moça teve um desdobramento enquanto convulsionava e era socorrida pela mãe. Segundo relatou após se recuperar, ela se viu fora do corpo a assistir à cena da sua própria convulsão como uma espectadora que estivesse de pé no mesmo ambiente.

"Foi uma convulsão muito forte e eu achei que ela tivesse morrido. Eu fiquei muito desesperada, gritei muito. Vizinhos vieram ver o que tinha acontecido e ficaram pasmos, também achando que Alexandra tinha partido. Mas, de repente, ela voltou e disse: 'mãe, eu estava ao teu lado, te dizia que eu estava bem, mas tu não ouvias. Mãe, eu te vi agarrada em mim, gritando e chorando, mas não consegui te fazer ouvir que eu estava bem'. Desde esse dia, comecei a acreditar na vida após a morte, porque percebemos que ela saiu do corpo e depois voltou", relembra Elda.

Desde então, Alexandra passou a conviver com a epilepsia de forma controlada, por fazer uso contínuo de medicamentos. No entanto, ela, 19 anos após a convulsão com desdobramento, viria a passar por uma nova ocorrência, mas desta vez um aneurisma cerebral, do qual seu corpo não se recuperaria.

Alexandra estava com 36 anos de idade e era divorciada. Tinha dois filhos e vivia com eles desde 2013 em outra cidade gaúcha, chamada Camaquã. Atuava como gerente de uma rede de lojas de empréstimo bancário. Nunca havia morado longe da mãe, do pai e dos irmãos, mas decidiu mudar-se para poder aproveitar melhores oportunidades profissionais.

"Alexandra, minha filha, minha menina companheira, muito amada, alegre, feliz. Gostava muito de viver. Era uma mãe maravilhosa, sempre preocupada com os filhos, com os pais e irmãos e com os amigos. Não conseguimos ainda aceitar completamente que ela partiu. Parece que a qualquer momento ela vai chegar com a alegria que sempre tinha", conta a mãe, Elda.

No dia 4 de junho de 2017, um domingo, às quatro da manhã, Alexandra teve uma dor de cabeça muito forte e ficou com a visão turva. Tomou um remédio e foi tentar voltar a dormir. Depois de algum tempo, acordou e foi ao banheiro, quando voltou, percebeu que estava sem a visão e se desesperou. Foi socorrida rapidamente por uma amiga e um primo, que a levaram a um hospital em Camaquã, onde foi constatado o aneurisma. De lá ela foi removida por ambulância para outro hospital em Porto Alegre.

"Me avisaram e eu fui para o hospital esperá-la chegar, mas infelizmente ela já veio sedada. Assim que chegou, já foi diretamente para a sala de cirurgia. Ela ficou em tratamento intensivo por sete dias, mas faleceu na noite do dia onze de junho", emociona-se a mãe ao relembrar.

ESPERANÇA DE UM REENCONTRO

Com a morte de Alexandra, a família Winke Jacobsen passou a ter de conviver com a saudade não apenas de um, mas de dois filhos. E para Elda, já sensibilizada pela filha quanto à possibilidade de comunicação espiritual, a perspectiva de receber uma mensagem dos filhos ganhou força em seu íntimo ao ser informada de que o médium Orlando Noronha Carneiro participaria em abril de 2018 de uma sessão de psicografia numa casa espírita localizada em Porto Alegre.

"A reunião aconteceu na Sociedade Espírita Paz e Amor, onde eu nunca tinha estado antes. Como fazia só nove meses que Alexandra havia falecido, minha esperança era de receber mensagem apenas de Matheus, já que ele havia partido há mais tempo, quase quatro anos. Imaginava que Alexandra ainda não estaria recuperada a ponto de poder também enviar um recado para nós", informa a mãe.

O procedimento pelo qual Elda passou no evento de psicografia de cartas consoladoras foi o de praxe nesse tipo de atividade. No início da sessão, ela preencheu uma ficha simples, fornecida pelos organizadores, onde constavam dados resumidos sobre os parentes falecidos de quem se desejaria receber mensagens. Ela informou os dados dos seus dois filhos falecidos. Em seguida, como também é praxe, ela conversou rapidamente com o médium a respeito dos filhos e das circunstâncias de suas mortes.

Elda relata que acredita ter recebido sinais de que receberia uma comunicação, mas enfatiza que o tempo todo a perspectiva era de receber apenas a mensagem de Matheus e não de Alexandra.

"Quando estava esperando para conversar com o médium, a esposa de Orlando estava explicando a um senhor como funcionava a comunicação. Senti uma empatia inexplicável por ela, pois, ao relatar como tudo acontecia, me pareceu que ela estava falando de mim e dos meus filhos, sem que nos conhecêssemos e sem que ela soubesse nada de mim e de minha família", conta Elda. Essa impressão empática ganhou ainda mais força, quando da leitura da carta que Elda receberia, pois a esposa do médium pareceu visualmente emocionada, provavelmente por perceber o caráter especial de uma carta escrita por dois filhos para uma mãe que passara por uma dupla "perda".

Na entrevista com o médium, Elda ouviu de Orlando que Matheus estava presente e que se apresentava brincalhão como fora em vida física. Ela ficou muito emocionada, ainda mais quando, ao finalizar, Orlando pediu carinhosamente que ela ficasse até o final do evento, sugerindo a possibilidade de receber uma mensagem.

"Ele me perguntou: o seu filho era muito brincalhão? Eu falei sim. Aí ele disse: seu filho está rindo para a senhora. E me perguntou: quando sorria, ele colocava a mão na boca assim? E me mostrou o gesto. Eu disse sim e fiquei muito emocionada. Aí o senhor Orlando disse: a senhora fique até o final, não vá embora", relembra a mãe.

Sobre Alexandra, Elda apenas falou do aneurisma e mostrou uma foto da filha ao lado do avô, já falecido.

CARTAS PSICOGRAFADAS

Data de recebimento: 8 de abril de 2018
Médium: Orlando Noronha Carneiro
Local: Sociedade Espírita Paz e Amor (Porto Alegre, RS)

Mãe, mãe Elda, pai Ederaldo,

Aqui quem começa a carta é eu, o Matheus.
Depois a minha irmã Alexandra trará as suas notícias. Estamos com o nosso grande protetor daqui, o vovô Reinolhd.
Mãe, que bom você tirou de sua cabeça qualquer pensamento de desistir de viver. E aguentar forte e firme por ver a dor de não nos ver a seu lado e de papai.
Me perdoe, mãe, a fraqueza e a doidice de ter feito aquele ato ruim contra mim mesmo. Eram os meus conflitos íntimos. Eram os meus desafios no coração que eu cheguei a um ponto de não aguentar eu mesmo.
Não se culpem com nada, pois você sempre esteve ao nosso lado. O responsável por tudo fui eu mesmo. Porque, além de lhe pedir perdão, eu preciso praticar o autoperdão pela minha própria fraqueza.
O vô Reinolhd tem me ajudado muito a aceitar a situação.

E a lição não foi só dura para você, mas também para mim.

Prefiro não detalhar o ato, que não teve o fim de imediato, e a luta depois no hospital, que soubemos ser aquela bactéria que tomou conta. A luta com os antibióticos que não surtiram efeito.

Precisamos aceitar, mãe, o que nos aconteceu.

E contarei com sua compreensão. E Deus irá me apresentar novos caminhos.

Com o meu abraço aos amigos, que os guardo no coração.

Mãe, fique bem, porque eu sigo bem e recuperando com a ajuda dos médicos daqui.

Agora passo a palavra a minha irmã.

Oi, mamãe!

Também vim com meu irmão Matheus e o vovô Reinolhd, que é um amor para nós aqui.

O meu avô Reinolhd me diz que eu cumpri o tempo que precisava estar com vocês. Naquela manhã, a dor de cabeça veio forte. E o que poderia parecer só uma dor de cabeça era o sintoma do aneurisma que veio complicando os vasos cerebrais, que a intervenção não pôde trazer o benefício desejado e o corpo não mais conseguiu seguir o seu curso.

Mãe, só quero lhe dizer que eu estarei como sempre com você. E você sabe o que lhe dizia em nossas conversas quanto às questões de ordem espiritual. Fico muito feliz por ver que o que conversamos lhe ajudou a entender melhor a ausência dos dois filhos. Assim, mãe e meu pai, não deixem se abater.

Lá na loja, fazia o meu melhor. E obrigada por me entender a iniciativa de buscar novos ares para o meu crescimento como pessoa.

Eu irei cuidar do Matheus aqui, mamãe.

Durma em paz, com mais serenidade.

Eu cumpri, mãe, o meu tempo.

Não vim antes. E o aneurisma foi uma fechada de ciclo.

Se cuide, viu?

Não deixe espaço para os problemas de saúde.

Eu e Matheus temos você como heroína, nossa luz.

Agora preciso parar. Queria tagarelar com você como antes, mas vem mais gente por aí.

Segue aí nós.

Matheus Winke Jacobsen e *Alexandra Winke Jacobsen*

DUAS VOZES, UM SÓ CANAL

Elda não seria capaz de imaginar a experiência pela qual passaria: numa mesma sessão, numa mesma carta, através do mesmo médium, tanto Matheus quanto Alexandra dariam provas de que estão vivos e muito bem. Iriam além: demonstrariam claramente que estão em contato mental perene com a mãe e que se encontram plenamente acolhidos e amparados pelo avô. A mãe afirma enfaticamente que há detalhes na carta que não poderiam ser conhecidos pelo médium, por ela não ter mencionado a ninguém antes ou durante a sessão de psicografia. Além disso, há dados que dizem respeito aos pensamentos da mãe, que ela não havia compartilhado com ninguém, nem mesmo com os familiares mais íntimos, como o desejo de não mais continuar a viver por conta das ausências dos dois filhos. Elencamos os principais elementos da carta que apontam para a legitimidade da comunicação psicográfica:

a) Figura do avô: Matheus abre a carta, se identificando para a mãe e, ainda no início da comunicação, informa que a irmã também mandará mensagem. Em seguida, menciona que ele e a irmã estão sendo acompanhados pelo avô materno, Reinolhd. Ele menciona: "Estamos com o nosso grande protetor daqui, o vovô Reinolhd". Na sua parte da comunicação, Alexandra também faz a mesma menção ao papel do avô: "Também vim com meu irmão Matheus e o vovô Reinolhd, que é um amor para nós aqui". Elda esclarece que seu pai, Reinolhd A. R. Winke, nasceu em 23 de abril de 1931 e desencarnou em 24 de julho de 2010, aos 79 anos de idade. Ela destaca que não falou nada a respeito do pai ao médium, limitando-se apenas a mostrar uma foto de Alexandra ao lado do avô, sem informar seu nome, por sinal bastante incomum, e o fato de ter morrido antes dos netos. "Meu pai era uma pessoa muito reta, mas também com um coração enorme. Era sábio com as palavras, tanto que, quando precisávamos de um conselho, meu pai era a pessoa certa tanto para os filhos quanto para os netos. E se tivesse que puxar a orelha, ele puxava. Os netos sempre amaram muito o vô Reinolhd. Para mim, ao mencionarem a companhia do meu pai, meus filhos me deram uma forte prova de que a comunicação era verdadeira", explica Elda;

b) Menção aos pensamentos da mãe: Matheus afirma: "Mãe, que bom você tirou de sua cabeça qualquer pensamento de desistir de viver". Isso impressionou muito Elda, porque, segundo afirma, ela, de fato, movida pela inconformidade e pela sensação de vazio, chegou a pensar em dar cabo da própria vida. Mas isso era algo que ela pensava e sentia sem manifestar a ninguém da sua família. "Eu contei apenas à médica que me atendia no posto de saúde. Ela me ajudou com medicação e conversas, mas não seria possível ela ter tido contato com o médium para contar meus sentimentos", afirma a mãe. Trata-se, portanto, de algo compartilhado de sua mente à mente do filho já desencarnado, o que se configura como mais um indício de autenticidade da comunicação mediúnica. É necessário lembrar ainda que o sigilo quanto à intimidade dos pacientes marca as relações éticas dos médicos, sendo raro encontrar profissionais que não cumpram tal imperativo do seu mister;

c) Menção ao sentimento de culpa da mãe e esclarecimento quanto a dificuldades íntimas: Matheus aborda outro detalhe sentimental da mãe, o seu sentimento de culpa por não ter conseguido libertá-lo do uso de drogas. E vai além ao demonstrar que o consumo de entorpecentes era uma tentativa de fuga de sentimentos que seu espírito carregava já previamente à última encarnação, não sendo possível atribuir a ninguém, senão a ele mesmo, os equívocos que acabaram por resultar em sua tentativa de suicídio. Assim Matheus se refere a este tópico: "Eram os meus conflitos íntimos. Eram os meus desafios no coração que eu cheguei a um ponto de não aguentar eu mesmo. Não se culpem com nada, pois você sempre esteve ao nosso lado. O responsável por tudo fui eu mesmo. Porque, além de lhe pedir perdão, eu preciso praticar o autoperdão pela minha própria fraqueza". Novamente Elda menciona tratar-se de um aspecto íntimo o seu sentimento de culpa. E afirma que não mencionou a ninguém na sessão de psicografia que se sentia culpada pelas dificuldades do filho. Só Matheus como espírito seria capaz de saber que precisava eximir a mãe de qualquer culpa para ajudá-la a prosseguir a vida sem tão negativo sentimento;

d) Menção à infecção que se configurou como a causa de morte: Elda esclarece que Matheus faleceu em decorrência de uma contaminação bacteriana resistente a antibióticos, mas que esse fato não foi por ele conhecido em vida física. Apenas como espírito ele veio a saber o real motivo de sua piora e consequente trespasse. Para a mãe, ao mencionar que só após a desencarnação viera a saber desse detalhe, Matheus dá outra prova de que sua comunicação é legítima. Assim ele se coloca a respeito: "Prefiro não detalhar o ato, que não teve o fim de imediato, e a luta depois no hospital, que soubemos ser aquela bactéria que tomou conta. A luta com os antibióticos, que não surtiram efeito. Precisamos aceitar, mãe, o que nos aconteceu";

e) Menção a detalhes do quadro clínico: por sua vez, Alexandra, em sua parte da comunicação, também menciona desdobramentos de sua condição médica que provocaram sua desencarnação, abordando detalhes da evolução do aneurisma que a vitimou e que a mãe não mencionou a ninguém na sessão de psicografia. Assim ela se coloca a respeito: "Naquela manhã, a dor de cabeça veio forte. E o que poderia parecer só uma dor de cabeça era o sintoma do aneurisma que veio complicando os vasos cerebrais, que a intervenção não pôde trazer o benefício desejado e o corpo não mais conseguiu seguir o seu curso";

f) Menção às conversas sobre espiritualidade: Alexandra aborda outro detalhe não mencionado pela mãe a ninguém e que dizia respeito a algo muito íntimo entre mãe e filha. Em especial, desde a morte de Matheus, Alexandra passou a tentar ajudar a mãe a perceber que o espírito sobrevive à morte do corpo físico e assim proporcionar consolo e conformação. Ao ver a mãe presente numa sessão mediúnica de psicografia, Alexandra se alegra por perceber que seu esforço estava surtindo efeito e afirma: "Mãe, só quero lhe dizer que eu estarei como sempre com você. E você sabe o que lhe dizia em nossas conversas quanto às questões de ordem espiritual. Fico muito feliz por ver que o que conversamos lhe ajudou a entender melhor a ausência dos dois filhos";

g) Menção a acontecimentos da vida profissional: Alexandra aborda outro detalhe importante quanto às suas escolhas profissionais. Ela havia decidido morar em outra cidade com os filhos para aproveitar melhores oportunidades de emprego. Acabou conseguindo uma boa colocação numa empresa financeira e passou a gerenciar um considerável número de lojas, o que lhe rendia muita ocupação, fato que incomodava a mãe por perceber que a filha dava o melhor no trabalho, mas descuidava um pouco da própria saúde. Alexandra afirma na sua mensagem: "Lá na loja, fazia o meu melhor. E obrigada por me entender a iniciativa de buscar novos ares para o meu crescimento como pessoa". Elda é taxativa ao afirmar mais uma vez que se trata de detalhe não mencionado a nenhuma pessoa durante o dia de psicografia;

h) Menção a desejos e questionamentos mentais da mãe: como o irmão Matheus, Alexandra demonstra estar em contato mental frequente com sua mãe ao dar algumas respostas na carta aos pensamentos da mãe, logicamente algo impossível de ser acessado pelo médium, a menos que a ele se conte, ato que Elda afirma não ter feito. "Em pensamento, sempre me perguntava se Alexandra poderia cuidar de Matheus. E sempre ficava me perguntando se ela não teria partido antes do tempo. Essas preocupações e a falta que eles me fazem sempre me inquietavam ao ponto de atrapalhar o meu sono. Por isso, Alexandra pede para eu dormir em paz", esclarece Elda. Eis o trecho da carta de Alexandra que aborda tais tópicos: "Eu irei cuidar do Matheus aqui, mamãe. Durma em paz, com mais serenidade. Eu cumpri, mãe, o meu tempo. Não vim antes. E o aneurisma foi uma fechada de ciclo";

i) Menção a problemas de saúde da mãe: para Elda, Alexandra, ao pedir que ela cuidasse melhor da saúde, demonstra estar a par de tudo o que lhe acontece, antevendo até problemas que só depois do recebimento da carta viriam a acontecer. No dia 13 de junho de 2018, cerca de dois meses após o recebimento da psicografia dos filhos, Elda precisou se submeter a uma cirurgia intestinal de emergência. "Tenho certeza de que minha filha sabia de antemão que eu passaria por esse problema de saúde e por isso pedia para eu me cuidar melhor. Isso é algo que nem eu mesma sabia e por isso não tinha como contar a ninguém". Alexandra afirmou na carta: "Se cuide, viu? Não deixe espaço para os problemas de saúde";

j) *Menção a hábito íntimo de comunicação*: Alexandra termina sua mensagem afirmando: "Agora preciso parar. Queria tagarelar com você como antes, mas vem mais gente por aí". Segundo Elda, o verbo "tagarelar" era muito mencionado por Alexandra em vida física por conta das longas conversas telefônicas quase diárias que mantinham. "Como passamos a morar longe uma da outra, desenvolvemos o hábito de conversarmos demoradamente por telefone. Isso foi outra coisa que não contei a ninguém", explica a mãe.

VIDA APÓS PSICOGRAFIA

Como é comum na quase totalidade dos casos, a vida de alguém que recebe uma mensagem de um ente desencarnado pode ser dividida entre antes e depois da psicografia. Não que se torne automaticamente mais fácil lidar com a partida dos seres amados, mas do que realmente se trata é que muitos percebem em si mesmos a mudança de perspectiva com a qual passam a sentir a mesma saudade. E cada novo dia passa a ser como um pequeno novo degrau numa escalada de compreensão, esperança e superação. Tudo por conta da certeza de que os parentes ainda existem e se encontram de alguma forma acessíveis. Pereceram os seus corpos e, no entanto, eles ainda estão vivos.

No caso da família Winke Jacobsen, pudemos observar essa mudança de olhar no seu início, uma vez que entrevistamos a mãe após poucas semanas do recebimento da carta dos filhos. E nela os efeitos já se faziam sentir com o frescor que só a redenção de um coração materno pode apresentar.

"Graças à psicografia, agora tenho certeza de que meus filhos estão vivos como espíritos livres dos corpos. Não estão mais doentes, estão bem e sendo acompanhados pelo meu amado pai, avô deles, com quem se davam tão bem na infância. Eu estou conseguindo viver melhor, não penso mais em morrer. Já consigo dormir e aos poucos estou abandonando os medicamentos que me ajudavam a adormecer. Ainda faz pouco tempo que recebi a carta e acho que meu marido, meu filho Wagner e meus netos um dia vão entender melhor o significado dessa mensagem e que ela é verdadeira. Disso eu não tenho dúvida. Mostrei a meu marido a carta, ele leu e depois chorou. Wagner ainda sente muita culpa por não ter ajudado mais o irmão. Também mostrei o vídeo da leitura da psicografia a meus dois netos, filhos da minha filha Alexandra. O mais velho não acredita, mas o mais novo ficou pensativo. Ainda é cedo para saber se eles, como eu, acreditarão e viverão a mudança que eu tenho conseguido viver", relata Elda, no momento em que comemorava o primeiro encontro com os netos após a partida da sua filha à dimensão espiritual.

4º CASO
Inconfundíveis traços

Espírito comunicante: Eliezer Rezende Andrade
Nascimento: 19 de maio de 1928
Desencarnação: aos 72 anos, em 11 de junho de 2000
Filha: Lindinalva Resende Andrade Lorente

Em tudo o que fazemos, projetamos aquilo que somos. De tal modo isso é verdade que, ao escrevermos algo para alguém com quem compartilhamos intimidade, saberemos imprimir ao tom, à maneira de encadear palavras e frases ou aos assuntos abordados as peculiaridades que nos marcam como seres singulares.

É como se assinássemos de modo inconsciente a mensagem, sem necessariamente firmarmos nossos nomes ao final de uma missiva, e ainda assim nosso destinatário fosse capaz de saber que só nós pudéramos ter traceado tais linhas. Gravamos nossos traços de personalidade porque promanam do que autenticamente somos, peculiaridades que não se apagam após se extinguir o corpo físico, uma vez que não pertencem ao pó da terra, mas à eterna vitalidade do espírito.

O caso que apresentaremos neste capítulo demonstra, em especial, essa permanência dos seres que amamos nas coisas, desta feita sentida e contada por uma filha saudosa que viu sua mãe ressurgir inteiramente na maneira de se expressar numa psicografia. Mas não apenas por isso, pois sua genitora, se servindo de um médium, conseguiu assinar sua mensagem de modo quase idêntico ao que assinava em vida. Tamanha foi a similaridade que a firma viria a ser autenticada por um cartório onde a desencarnada houvera em vida registrado sua assinatura.

Além disso, o caso ora em tela apresenta características que o tornam especial no contexto deste livro: a psicografia foi enviada no já longínquo ano de 2001 por uma senhora idosa que desencarnou em 2000 e cuja vida de árduo trabalho desde a infância a afastara das letras e dos estudos. Não é demais lembrar que essa peculiaridade cronológica é muito significativa, pois demonstra tratar-se de um contexto de manifestação psicográfica no qual era muito difícil para um médium servir-se da internet para obter dados de quem quer fosse, considerando-se que a *world wide web* ainda dava os primeiros passos no Brasil e a superexposição de privacidade em redes sociais não era sequer aventada. Basta recordar que o Orkut e o Facebook só viriam a ser criados três anos mais tarde, em 2004, e os *smartphones* só se popularizariam mais tarde no Brasil, a partir de 2010.

Não bastasse isso, a desencarnada comunicante simplesmente não fazia uso de aparatos tecnológicos, não deixando dados rastreáveis na rede mundial de computadores. Outro detalhe muito importante: o médium em questão, Alaor Borges, é de outro estado, Minas Gerais, e havia se deslocado até São Paulo para psicografar numa casa espírita que não era a sua, onde logicamente se viu diante de um público formado por pessoas a ele desconhecidas e com as quais jamais houvera travado contato anterior.

UMA VIDA DE INCESSANTES LUTAS

O dia 11 de junho de 2000 marcou o fim da trajetória terrena de Eliezer Resende Andrade. Nascida 72 anos antes, em 19 de maio de 1928, no município de Ribeirão, Pernambuco, mudou-se, em 1953, para São Paulo em busca de melhores oportunidades de sobrevivência como tantos nordestinos. Deixou aos cuidados da mãe, sua única filha até então, Lindinalva, com sete anos de idade. Só um ano mais tarde, seus familiares também iriam à capital paulista, onde passariam a viver conjuntamente.

Na nova cidade, dona Eliezer viria a casar-se novamente e a ter outro filho, Lindivaldo. Não foi uma vida fácil. Problemas de saúde crônicos, empregos braçais e desgastantes, pobreza e alcoolismo do esposo foram a tônica de uma trajetória marcada por duros desafios.

"Minha mãe costumava dizer que não havia nascido para ser feliz, porque sempre foi maltratada pela vida. De certa forma, isso era verdade, pois eu não me lembro de ter visto minha mãe saudável um só dia", relembra a filha mais velha, Lindinalva.

Ao chegar a São Paulo, Dona Eliezer já sofria de bronquite crônica, contraída ainda na infância em Pernambuco. Na década de 30, para ajudar no sustento da família, mesmo sendo criança, ela trabalhou numa fábrica de tecidos, onde se aspiravam frequentemente resíduos suspensos no ambiente e que poderiam se acumular nos pulmões e causar insuficiência respiratória incurável.

"Ela adulterou a idade para poder ser aceita na fábrica. Eram tempos muito difíceis e qualquer renda era bem-vinda. Infelizmente esse emprego significou para minha mãe mais do que uma melhoria no sustento da família. Ela contraiu uma insuficiência respiratória que a acompanharia pelo resto da vida e que causaria sua morte. Eu a socorri várias vezes por estar com falta de ar e ela sempre teve de viver com bombinhas de medicação para asma", conta Lindinalva.

Mesmo com um considerável problema de saúde, dona Eliezer continuou a trabalhar duro para criar os filhos. Entre os diferentes empregos aos quais teve que se submeter, a filha relembra: "Quando chegou a São Paulo, ela conseguiu emprego como operária numa fábrica de pregos, onde conheceu meu padrasto, que foi um verdadeiro pai para mim.

Também trabalhou numa fazenda de caqui e como lavadeira de uniformes de times de futebol de várzea. Ela se virava como podia, mesmo com a saúde sempre comprometida".

Não bastassem os problemas financeiros e de saúde, dona Eliezer ainda teve de lidar a vida inteira com a dependência do marido, José, de bebidas alcoólicas. E na década de 80 contraiu um câncer de mama, do qual conseguiu curar-se, mas que lhe comprometeu ainda mais a saúde. "Por tudo isso, o grande traço de personalidade da minha mãe era uma dureza marcante. Era brava demais, mas justa. Tinha, como se diz, o pavio curto", explica a filha.

RELIGIOSIDADE EM AÇÃO

Embora dona Eliezer e a sua família não se dedicassem sistematicamente a nenhuma religião em particular, fenômenos espiritualistas não lhes eram estranhos. "Em Pernambuco, chegamos a ir algumas vezes em centros de umbanda. Minha avó tinha um grande conhecimento de espiritualidade na prática, não na teoria. Meu avô, por exemplo, era benzedeiro. E lembro que em nossa casa em São Paulo, às vezes, aconteciam alguns fenômenos físicos, como quedas de objetos. Minha mãe atribuía à ação de espíritos, mas não tinha medo, chegava até a xingá-los. Ou seja, pode-se dizer que sempre acreditamos na existência dos espíritos", conta Lindinalva.

A trajetória de espiritualização da família ganharia um novo dado que, anos mais tarde, viria a ser decisivo para que dona Eliezer, já desencarnada, enviasse uma mensagem psicografada. "Consegui um emprego num consultório médico e meu patrão me ajudou a me formar em enfermagem. Passei a auxiliá-lo como instrumentadora em cirurgias. Apesar de trabalhar duro, a vida melhorou. E esse emprego foi determinante na nossa vida por outro motivo: foi nesse consultório que conheci um paciente chamado Pedro, com quem me casei e tive dois filhos. Só que, quando nos conhecemos, ele já era espírita praticamente desde o nascimento. E passou a me incentivar a estudar o espiritismo. Frequentamos a Federação Espírita do Estado de São Paulo, onde fizemos cursos sobre a doutrina e onde eu desenvolvi um pouco a mediunidade de vidência. Isso foi determinante para um dia vir a buscar uma mensagem da minha mãe após a sua morte, porque eu sabia que isso seria possível", explica Lindinalva.

PERSONALIDADE QUE RESSURGE

"Minha mãe desencarnou em decorrência da insuficiência respiratória crônica. Eu a socorri. Foi muito difícil para todos nós vê-la partir. Mas eu não demorei a tentar um contato", conta Lindinalva, que apenas dez meses após a desencarnação da mãe estava no Grupo Espírita Maria Dolores, localizado no bairro da Mooca, em São Paulo, para buscar uma comunicação psicográfica da mãe.

Era 22 de abril de 2001, o médium Alaor Borges visitava pela primeira vez a casa espírita, onde cerca de 100 pessoas lá estavam como candidatas a serem destinatárias de cartas psicografadas de familiares desencarnados. O procedimento, segundo relata Lindinalva, foi o mesmo já tradicionalmente adotado Brasil afora em sessões das chamadas "cartas consoladoras": ela preencheu uma ficha com seu nome, grau de parentesco com o desencarnado, nome e datas de nascimento e desencarnação da mãe.

"Vamos ver se minha mãe fala alguma coisa. Lembro que era isso o que eu pensava. Fazia pouco tempo que minha mãe estava na dimensão espiritual, mas, graças a meus estudos doutrinários, eu sabia que seria possível ela estar presente e me enviar uma mensagem", afirma Lindinalva.

E o que ela imaginava com esperança se confirmou: dona Eliezer enviou uma carta com nada menos que 440 palavras, um número bastante razoável para alguém que, na última experiência corpórea, não gostava muito de escrever, detalhe, aliás, mencionado na mensagem.

"Reconheço a personalidade marcante da minha mãe em cada palavra, no modo como se expressou e nos assuntos que mencionou, só sabidos naquela reunião por mim e por meu marido. Até de peças de roupa que usava ela falou. Não contamos nada a ninguém. Só podia ser ela e era ela, ainda dura como foi na última vida, mas já demonstrando evolução e esforço para compreender por que teve uma vida tão difícil" afirma a filha. E para Lindinalva, a personalidade da mãe, não bastassem as várias demonstrações de autenticidade com que ilustrou a carta, foi taxativamente gravada na assinatura da missiva: "Minha mãe conseguiu traçar seu nome com muita semelhança ao modo como assinava seus documentos. Foi uma prova ainda mais forte de que estava escrevendo aquela carta para mim", relembra Lindinalva.

CARTA PSICOGRAFADA

Data de recebimento: 22 de abril de 2001
Médium: Alaor Borges
Local: Grupo Espírita Maria Dolores (São Paulo, SP)

Minha querida filha Lindinalva e meu querido genro Pedro; rogo a Jesus que nos abençoe nesta noite.

Estou emocionada ao ver você aqui nesta noite, desejando obter notícias minhas. Quero neste momento, incluir em minhas lembranças meu filho Lindivaldo e o Diego.

Acredito, minha filha, que tudo quanto passei lutando pela sobrevivência contra a própria saúde serviu não só de aprendizado para mim, como para todos nós.

Você sabe o quanto eu era de extrema rigidez, nervosa e exigente comigo mesma. Não sei se você se lembra, sempre vivi episódios de amarguras na minha vida. Era uma tristeza íntima que transbordava por dentro e que muito me afetava, a ponto de desejar muitas vezes sair logo do corpo físico, mas os sucessivos episódios com a doença me ensinaram a rever minhas atitudes e vigiar a qualidade de meus sentimentos. Venci o câncer por mais de 20 anos. Padeci maus momentos, é verdade, mas venci, e a vida me preparou para novas lições.

O seu pai pelo coração, o nosso José, está comigo e se faz acompanhar da minha avó Maria, sua bisavó, que me auxilia a redigir esta carta, pois, embora pareça simples, não se resume em apenas pegar nas mãos do médium e escrever.

Neste exato instante, as emoções são preponderantes para que a filtragem não seja prejudicada. Hoje me sinto melhor, lamento, acredito como muitos, o fato de não ter sido resignada no curso da vida inteira, às vezes me revelei rebelde comigo mesma, e a amargura tão presente no meu mundo interior extrapolava para fora e me prejudicava o relacionamento com as pessoas.

Estou de lenço na cabeça, minha filha, a cor dele é branca e uso aquele vestido, me parece bege, que sempre gostei. Estou feliz e isto é o que importa e quero lhe pedir que também esteja. A vida prossegue e nossos sentimentos se mostram inalterados.

Devo concluir, não mais disponho de tempo. Deixo um abraço para todos vocês, e peço que tenham muita fé em Deus. Sei que vivemos numa época em que devemos intensificar as recomendações de Jesus quanto ao vigiai e orai.

Vou terminar. Você sabe que sua mãe nunca se entendeu bem com lápis, caneta ou caderno.

Acredito que consegui me fazer compreendida e a saudade de todos nós, pelo menos, em parte, foi saciada.

Continue orando por mim. E saiba que continuo estimando a oração da Ave Maria, que tantas vezes fiz ao deitar.

Fiquem com Deus, minha filha, filho e netos. Estou bem e não há motivos para preocupações, hoje fomos agraciados por poder colocar a carta nesta gaveta de esperança.

Boa noite para todos.

Eliezer Rezende Andrade

SINAIS DE VIDA

Passemos a analisar os pontos que apontam para a autenticidade da mensagem psicografada:

a) Menção a parentes encarnados que não estavam presentes à reunião de psicografia e que não haviam sido mencionados na ficha de candidatura à mensagem: dona Eliezer dirige-se à filha e ao genro, que estavam presentes à sessão, mas, logo após, diz que inclui nas suas lembranças o filho Lindivaldo e o neto Diego, que não se encontravam no recinto;

b) Menção ao acompanhamento de membros da família que, como a comunicante, também já estão desencarnados: dona Eliezer diz estar sendo acompanhada à reunião pelo marido, José, desencarnado seis anos antes dela, e pela avó Maria, bisavó da destinatária. "Ela menciona meu pai e também minha bisavó, que não cheguei a conhecer. Eu absolutamente não citei nenhum parente meu, além da minha mãe, na ficha. E há um detalhe crucial quando ela fala de papai: ela diz 'o seu pai de coração, o nosso José', numa clara referência ao fato de que ele, na verdade, era meu padrasto e não pai biológico. Ninguém na sessão sabia desse detalhe íntimo da minha vida", esclarece Lindinalva;

c) Menção aos problemas de saúde por que passou em vida e seus reflexos no modo de ser e lidar com as pessoas: o primeiro tópico da carta foi a conturbada saúde da comunicante na sua longa vida física. Ela menciona que as lutas contra as doenças durante toda a vida serviram de aprendizado não só para si mesma, mas também para toda a família. E menciona nominalmente a vitória contra o câncer e o período de sobrevida de mais de 20 anos após o tratamento. Além disso, demonstra, como espírito, ter ampliado seu grau de compreensão quanto às dificuldades, relacionando-as à necessidade de superar a amargura de personalidade que aparentava em vida. Sobre o assunto, a comunicante escreveu: "Você sabe o quanto eu era de extrema rigidez, nervosa e exigente comigo mesma. Não sei se você se lembra, sempre vivi episódios de amarguras na minha vida, era uma tristeza íntima que transbordava por dentro e que muito me afetava, a ponto de desejar muitas vezes sair logo do corpo físico, mas os sucessivos episódios com a doença me ensinaram a rever minhas atitudes e vigiar a qualidade de meus sentimentos". A filha afirma que se trata de uma marca da personalidade da mãe abertamente tratada nesse trecho da carta. Mas também em outro: "Hoje me sinto melhor, lamento, acredito como muitos, o fato de não ter sido resignada no curso da vida inteira, às vezes me revelei rebelde comigo mesma, e a amargura tão presente no meu mundo interior extrapolava para fora e me prejudicava o relacionamento com as pessoas";

d) Menção ao fato de estar presente na reunião com o mesmo estilo de roupa que usava em vida: para aumentar o grau de percepção da filha quanto à autenticidade de sua carta, dona Eliezer afirma ter comparecido à reunião de psicografia usando indumentária análoga à que gostava de portar na sua mais recente experiência corpórea: "Estou de lenço na cabeça, minha filha. A cor dele é branca e uso aquele vestido, me parece bege, que sempre gostei". Lindinalva explica as referências feitas pela mãe: "Minha mãe tinha muito carinho com os próprios cabelos, que eram compridos. Ela tinha o hábito de os usar trançados e, para não os sujar, sempre os cobria com um lenço. E a referência ao vestido bege diz respeito a um conjunto de saia e blusa de que ela gostava muito. Tinha uma cor amarela bem clara, que ela achava que era bege";

e) Menção à não familiaridade com a escrita: a certa altura, dona Eliezer anuncia que vai terminar de escrever sua carta e afirma: "Vou terminar. Você sabe que sua mãe nunca se entendeu bem com lápis, caneta ou caderno." Para a filha, trata-se de outro traço inconfundível da personalidade da mãe: "Por conta do pouco estudo, minha mãe nunca foi muito de escrever. Ela era bem melhor na matemática, fazendo contas, pois sempre se dedicou a vender coisas como roupas e até sacolés para ter uma renda extra. Essa parte da carta é uma referência a essa característica";

f) Menção à Ave Maria como prece preferida: segundo Lindinalva, dona Eliezer sempre teve devoção pela mãe de Jesus, e a oração da Ave Maria fazia parte dos seus rituais diários de oração: "Às seis horas, ela sempre fazia uma prece a Maria Santíssima e, como menciona na carta, também ao dormir. Isso era um hábito íntimo de que só nós da família sabíamos";

g) Menção à não ser necessário mais se preocupar com seu estado de ânimo: Lindinalva chama a atenção para um detalhe do fechamento da carta que para um leitor que não seja um parente talvez soasse menos importante, mas que, para a filha, demonstra que sua mãe se encontra a par das preocupações dos seus familiares sobre sua condição espiritual. "Antes de se despedir, mamãe fala que não há motivos para preocupações, pois ela está bem. Isso diz respeito a uma preocupação muito forte minha. Ao fazer preces por minha mãe, sempre me perguntava se ela ainda estava muito brava como foi em vida e pedia para ela tentar evoluir nesse aspecto. Esse pedido para não me preocupar foi uma resposta a uma preocupação que existia dentro de mim", explica a filha;

h) Assinatura da psicografia muito similar à que usava em vida: trata-se de um dos pontos mais impressionantes da carta. Nota-se pela mudança de calibre dos traços e pela mais lenta velocidade de escrita que, no momento de assinar a missiva, o espírito comunicante, com especial atenção, se esforçou para usar as faculdades do médium de modo a grafar o mais fielmente possível sua assinatura em relação ao estilo gravado nos seus documentos de identificação. "À altura, estávamos cuidando do inventário dos poucos bens que nossa mãe nos deixou. E mostramos a assinatura da psicografia ao advogado que havíamos contratado. Ele ficou tão impressionado com a semelhança que fez um teste por curiosidade: submeteu a assinatura a reconhecimento de firma num cartório e obteve êxito. Infelizmente não temos mais o registro da autenticação". A seguir, reproduzimos as assinaturas da psicografia e de documento de identificação usado em vida.

Vida após a vida | 107

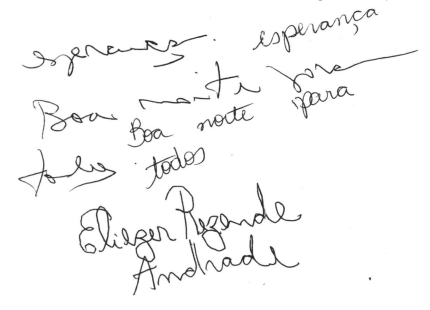

Acima, a assinatura na carta psicografada; abaixo, cópia da cédula de identidade, onde consta a assinatura utilizada em vida.

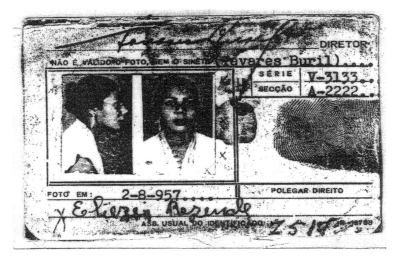

VIDA APÓS A PSICOGRAFIA

Para Lindinalva, que já era espírita muito antes de receber a mensagem, a confirmação da sobrevivência da mãe na condição de espírito funcionou como um reencontro esperançosamente aguardado pela certeza na comunicabilidade após a morte do corpo físico.

"Eu já sabia que minha continuava viva. Mas quem não gostaria de receber uma carta de uma mãe, repleta de amor e demonstrações de superação de problemas físicos e emocionais? Todos nós da família acreditamos na autenticidade da carta da minha mãe. Tanto eu quanto meu esposo, meus filhos, meu irmão e minha sobrinha temos certeza que só ela poderia ter escrito cada uma daquelas palavras. Sua personalidade está em cada linha", afirma Lindinalva com a serenidade que caracteriza aqueles que se depararam com uma verdadeira demonstração de amor.

5º CASO
Raridade

Espírito comunicante: Gabriel Lima Silva
Nascimento: 24 de abril de 2005
Desencarnação: aos 13 anos, em 17 de maio de 2018
Mãe: Roseit do Rosário Lima Silva
Pai: Ivan Cláudio da Silva
Irmão: Eduardo Lima Silva

"Sua alma é um bem que nunca envelhecerá". Este é um dos 19 versos que compõem o *hit* gospel *Raridade*, canção preferida de Gabriel Lima Silva. A frase, por si só emblemática, já que atesta o valor imperecível que todos temos aos "olhos" de Deus, ganharia ainda mais significado para o jovem, desencarnado com apenas 13 anos recém-completados, e para a sua família. A música foi a escolhida para ser cantada por familiares e amigos, instantes antes de se cerrar o ataúde onde seu corpo físico então sem vida fora depositado.

Mas, 45 dias após o seu sepultamento, a canção seria novamente cantada na presença de Gabriel e de seus pais. O mesmo verso – "Sua alma é um bem que nunca envelhecerá" – viria mais uma vez a ser entoado em momento de emoção para a família Lima Silva, contudo ganharia um sentido ainda mais forte, pois a ocasião demonstrou, de fato, que a "alma", ao contrário do corpo, não é um "bem" destrutível. Nem mesmo pela morte.

"No dia 1º de julho de 2018, eu e minha esposa estávamos sentados na primeira fileira do Pronto-Socorro Espiritual Pais e Filhos em Osasco. Tínhamos sido os primeiros a chegar para a sessão de psicografia. Ao entrar no recinto, o médium Orlando Noronha conversou rapidamente com uma moça, que depois soubemos ser a cantora Paula Zamp. Nós ouvimos bem quando ele falou assim para ela: 'Nunca te pedi nada antes. Posso pedir uma coisa hoje? Cante para nós, por favor, a canção *Raridade*.' Nesse momento, nos emocionamos muito por tudo o que aquela música significava para nós e para nosso filho. E ficamos muito esperançosos de receber uma comunicação, porque aquilo só podia ser um sinal de que nosso filho nos enviaria uma carta", conta Ivan, pai de Gabriel.

E de fato aconteceu o que eles tanto esperavam. Apenas seis semanas após a sua desencarnação, Gabriel atestaria numa missiva marcada por expressiva alegria que não é necessariamente preciso muito tempo de readaptação ao mundo espiritual para demonstrar equilíbrio, aceitação, alegria e paz. E outro detalhe é marcante na sua mensagem: o garoto demonstrou especial inteligência ao cifrar, em algumas frases metafóricas, importantes sinais de veracidade para a sua mensagem, só sabidos por sua mãe, pai e irmão.

APÓS 23 DIAS, UM DIFÍCIL ADEUS

"É uma simples sinusite". Essa frase foi repetida aos pais de Gabriel em quatro idas a médicos. Mas infelizmente o nome da real enfermidade que se desenvolvia no garoto tinha a mesma terminação, mas efeitos muito mais graves e até mesmo fatais: meningite.

"Quando o quadro piorou, veio o diagnóstico correto e Gabriel já estava internado. Foram 23 dias na UTI até ele falecer. Houve perspectiva de melhora, pois o cérebro não tinha sido afetado gravemente. O problema é que a doença acabou acometendo os pulmões dele e então nosso filho ficou com insuficiência respiratória grave", explica o pai.

"Antes de descobrirmos a gravidade do problema, ainda em casa e achando tratar-se de sinusite mesmo, Gabriel estava piorando, mas relutante em ir para uma nova consulta médica. Tivemos que convencê-lo de que era algo mais sério, porque ele não melhorava. Infelizmente nossa desconfiança se confirmou e ele teve que ser tratado num hospital", conta, emocionada, a mãe Rose.

O difícil período de hospitalização foi também de grata vivência da solidariedade. A família de Gabriel decidiu criar uma página no Facebook chamada #ForçaGabriel como forma de reunir amigos e demais familiares numa corrente positiva de oração. Em poucos dias, cerca de 11 mil pessoas tinham se tornado membros da página. E Gabriel teve uma considerável melhora no quadro. "Os médicos chegaram a ter a perspectiva de não mais precisar do suporte da UTI. Pessoas de todo o país se mostraram solidárias e alguns membros da página chegaram até mesmo a ir ao hospital nos dar apoio", relembra Ivan. A página encontra-se ativa até hoje e funciona como "local" de incentivo à solidariedade em favor de famílias que passam pela difícil experiência de ter um membro acometido com grave enfermidade.

O caráter agudo de desenvolvimento da doença, pelo que os pais relatam, teria feito Gabriel perceber rapidamente que a desencarnação era uma perspectiva bastante provável. E isso de alguma forma pode ter determinado uma atitude de mais rápida aceitação após a passagem à dimensão física. Outro fator determinante parece ter sido a atitude mental da família durante o processo de adoecimento, marcada por uma dor sopesada por aceitação, fé e amor, de forma a deixar claro para Gabriel que a possibilidade de deixar a vida física, se se concretizasse, deveria ser vivenciada por ele com tranquilidade, pois ele seria amparado.

"Não foi fácil, mas tínhamos que criar para Gabriel um ambiente de amor, não de dor. Estivemos juntos sempre, segurando em sua mão. Houve momentos muito difíceis como quando ele pediu: 'Pai, pode me dar um banho?' E eu senti que seria seu último banho nesta vida. Outro momento difícil foi quando, a certa altura, ele acordou batendo a mão no peito e dizendo que o coração estava disparado.

Ele não conseguia respirar. A equipe médica socorreu e eu segurava a mão dele. Ele perguntou à médica: 'Doutora, eu vou melhorar?' E me perguntava também: 'Pai, eu vou melhorar?' Infelizmente, em quatro horas, a doença acometeu gravemente os pulmões e ele estava com hemorragia interna. Enquanto tentavam entubar meu filho, eu fiz uma prece e disse a Deus: Pai, não quero que meu filho vá embora, mas sei que me deste ele um dia e o entrego a ti para que seja feita a tua vontade", relembra o pai.

Depois disso, Gabriel ficou oito dias em coma. Chegou quase a ir a óbito, mas foi reanimado. Os médicos diziam que, se ele acordasse, ficaria em estado vegetativo. Mas ele acordou e voltou à consciência, só não conseguia falar. Mesmo assim, o quadro respiratório era grave. Ele tentava respirar normalmente, mas não conseguia sem o suporte hospitalar.

"Depois de tanto sofrimento e percebendo o quanto ele estava cansado, tivemos a conversa mais difícil de nossas vidas. Eu e minha esposa falamos para Gabriel: 'Filho, você precisa descansar. Você é único, nunca será substituído. E nós vamos ficar bem'. Eu o abracei e disse: 'Filho, vá para a luz'. Pouco tempo depois, os sinais vitais dele foram diminuindo até pararem completamente", conta o pai ao relembrar os últimos instantes do filho no difícil período de hospitalização.

Ivan e Rose acreditam que Gabriel, antes de partir, esperou o irmão Eduardo chegar de Minas Gerais, onde cursa Arquitetura na Universidade Federal de Juiz de Fora, para dar adeus. "Gabriel só partiu na noite de uma quinta-feira, poucas horas depois de o irmão ter chegado ao hospital. A essa altura, eu, minha esposa e Eduardo já havíamos cada um conversado com Gabriel e nos despedido", lembra Ivan.

ALEGRIA, ALEGRIA

Segundo os pais, o traço mais marcante da personalidade de Gabriel era uma indisfarçável alegria de viver. "Ele era muito sorridente. Em todas as fotos e vídeos que temos, ele está sorrindo", conta a mãe Rose. A felicidade do menino era expressada por um particular gosto por atividades com muita ação física. "Ele tinha o sonho de praticar *parkour* (esporte que consiste em transpor obstáculos em qualquer ambiente sem ajuda de equipamentos). Por ser perigoso, nós não permitimos, mas para dar a ele uma compensação, íamos com frequência a um grande parque de camas elásticas, chamado Jump Park, localizado na cidade vizinha de Jundiaí. E essa predileção dele é citada na carta psicografada", conta o pai.

Poucos dias antes de adoecer, Gabriel estava com sua mãe em casa, quando surgiu um arco-íris no céu que chamou muito a atenção do garoto. Durante a conversa com sua mãe sobre o espetáculo celeste que contemplavam da varanda de sua casa, surgiu a dúvida entre os dois: "Onde será que termina o arco-íris? Num rio?, Num lago? Ficamos sem saber", relata Rose. E conclui como ela e Gabriel souberam a resposta: "Meu filho abre a psicografia com uma frase linda que responde nossa dúvida e comprova que era ele de verdade escrevendo a carta".

Outro momento de descontração de Gabriel, ocorrido na semana em que viria a adoecer, também marcou a família e atesta a alegria com que ele vivia cada momento junto das pessoas que amava. "Eu estava preocupado com o peso do material escolar que ele carregava para as aulas. Daí comprei uma bolsa preta, grande, com puxador e rodinhas para ele não precisar carregar nada nas costas. Ele brincou comigo dizendo 'Ih, pai, vai todo mundo me zoar na escola por causa dessa bolsa aí que mais parece uma mala para quem vai fazer uma viagem'. Nunca poderia imaginar que esse fato descontraído e simples entre mim e meu filho um dia seria um modo de ele dizer numa carta: 'Pai, sou eu mesmo e continuo vivo'", conta Ivan.

ESPERANÇA DE PAPEL

Como é comum com várias famílias que assistem à partida de um filho, Ivan e Rose, apesar de não serem espíritas, passaram a pesquisar na internet médiuns que se dedicassem à recepção de cartas psicografadas de pessoas desencarnadas a seus parentes vivos. "Acabamos vendo um vídeo do médium Orlando Noronha Carneiro no YouTube onde ele lia uma carta psicografada. Eu disse para mim mesmo: tenho que achar esse cara. E tudo ficou mais fácil quando soubemos que ele ia com frequência ao Pronto-Socorro Espiritual Pais e Filhos na Grande São Paulo".

Dez dias depois da descoberta do médium, Ivan e Rose viajariam de carro apenas 55 quilômetros até Osasco onde seria feita a sessão pública de psicografia. "Somos católicos e nunca havíamos ido a um centro espírita antes. Nesses dez dias, passei a pedir em preces a Deus pela comunicação de Gabriel", relata Ivan.

Já no Pais e Filhos em Osasco, o casal afirma que preencheu uma ficha de papel com os seus próprios nomes, nome do filho e as datas de seu nascimento e desencarnação, além da causa da morte. E contam ter tido uma rápida conversa com o médium. "Sem sequer olhar nossa ficha, Orlando nos perguntou quem era Luís. E enfatizou: 'Luís encarnado', explicando que encarnado queria dizer que está vivo. Eu disse: é meu sogro. Em seguida, ele disse que Gabriel estava sendo acompanhado por uma vozinha de lenço na cabeça, que em vida benzia as pessoas e que se chamava Joana. Ficamos ainda mais esperançosos, pois ele mencionou, sem que contássemos nada, duas pessoas da nossa família, meu sogro, Luís, ainda vivo, e a minha avó Joana, que havia desencarnado antes de Gabriel nascer. Depois dessa rápida conversa, Orlando pediu para que não fôssemos embora e que tivéssemos paciência e fé", relata Ivan.

A tão esperada carta de Gabriel veio. E repleta de detalhes que, segundo seus pais, não foram compartilhados nem ao médium nem a mais ninguém na instituição espírita que abrigava a sessão de psicografia. Não estavam presentes nem mesmo na comunidade de orações do Facebook criada durante a hospitalização de Gabriel. "São abordados acontecimentos íntimos, como a conversa sobre o arco-íris que tivemos, a compra da bolsa da escola, o pula-pula de Jundiaí, que não estão registrados em lugar nenhum, só na nossa memória. Como o médium poderia saber disso? E a informação de que a vó Joana o estava acompanhando? Só há uma explicação possível: era nosso filho Gabriel conversando conosco", assevera Rose.

CARTA PSICOGRAFADA

Data de recebimento: 1º de julho de 2018
Médium: Orlando Noronha Carneiro
Local: Pronto-Socorro Espiritual Pais e Filhos (Osasco, SP)

Papai amigo Ivan,
Mamãe Rose,

Com muita festa, chego aqui para lhes dizer que o arco-íris não é só belo. É uma ponte que liga o céu e a terra.

Quem me recebeu aqui é aquela que se identificou como sendo a minha bisavó Joana. Ela é uma senhora boa demais e uma vozinha do coração.

Quando eu abri os olhos aqui, vi a luz desta vozinha e segui ela em seus braços.

Sou eternamente grato pela comunidade que lutou comigo enquanto eu lutava lá na UTI.

E não vim antes não. Vocês sabem que cumpri a minha etapa ao lado de vocês e de meu irmão Eduardo.

Cada oração que recebi da comunidade foi uma brisa de paz que me acalmava.

Pai e mãe, vocês são o máximo e lutaram comigo.

Mas eu tinha que pegar uma mochila não para uma viagem com vocês, mas para subir uma outra montanha, que é o lado em que vivo hoje aqui.

Eu já corri atrás de pássaros aqui que voam felizes.

Mãe, você é linda. Meu tudo, do pai e do Eduardo...

Sigam na fé. Nada de tristeza. Pular e pular com a corda da vida.

Volto depois, mas hoje é isso. Está tudo bem comigo. Bisa Joana me ajuda, tá?

Beijão para meus avôs. Sem ciumeira, que o vô Luiz seja a minha mão enviada para todos os meus avôs.

Tá certo? Valeu!

O filho feliz e bem melhor,

Gabriel Lima Silva

MAIS QUE FRASES

A observação atenta da carta psicográfica enviada por Gabriel em cotejo com as explicações de seus pais torna patente a constatação de que se está diante de uma autêntica comunicação interdimensional, entre desencarnados e encarnados. Chama a atenção, em especial, a habilidade do garoto em compor frases metafóricas tão belas quanto confirmadoras de sua presença espiritual na escrita da mensagem, uma vez que se trata de referências a fatos vividos apenas na intimidade familiar e não rastreáveis por terceiros.

Passamos neste momento à apreciação dos sinais confirmadores de autenticidade:

> *a) Menção aos modos como se referia aos pais quando em vida física*: Gabriel inicia a carta utilizando um adjetivo – "amigo" – no vocativo a seu pai: "Papai *amigo* Ivan". Segundo o seu genitor, trata-se de um detalhe especialmente significativo: "Gabriel sempre me dizia que eu era o seu melhor amigo. Não é à toa, portanto, que ele começa me chamando assim. Ele poderia simplesmente dizer 'Papai Ivan', mas, ao pôr o 'amigo', ele já demonstrou um aspecto íntimo da

nossa relação de pai e filho", explica Ivan. Em outro momento da carta, o garoto faz algo semelhante ao se dirigir à mãe: "Mãe, você é linda". Rose esclarece: "Ele falava muito essa frase para mim. Era um hábito marcante quando queria demonstrar amor por mim";

b) Menção a uma conversa familiar realizada semanas antes de adoecer: como já mencionamos anteriormente, Gabriel e sua mãe tiveram uma conversa, apenas poucas semanas antes da desencarnação e da comunicação mediúnica, na qual se perguntavam onde seria o fim do arco-íris que avistaram no céu da varanda de sua casa em Várzea Paulista, no estado de São Paulo. Na psicografia, o garoto compõe uma frase metafórica que, nas entrelinhas, deixa claro que ele usa a figura de linguagem para demonstrar à mãe que era ele mesmo quem se comunicava: "Com muita festa, chego aqui para lhes dizer que o arco-íris não é só belo. É uma ponte que liga o céu e a terra". Para Rose, "foi a resposta para a indagação que fizemos, quando ele estava vivo aqui, sobre onde terminava o arco-íris. Gabriel usou a lembrança daquela conversa para demonstrar que a carta era verdadeira, pois foi algo muito íntimo, que só ele, eu e Ivan poderíamos saber";

c) Menção de estar acompanhado por parente desencarnada, que não chegou a conhecer na última encarnação: um dos traços mais fortes da comunicação psicográfica foi dada quando Gabriel revelou aos pais estar aos cuidados da sua bisavó, Joana, desencarnada aos 94 anos em 2003, dois anos antes do nascimento do garoto. "Ela era a minha avó e bisavó de Gabriel. Eles não se conheceram nesta vida, mas, graças a Deus, estão juntos no outro lado", comenta Ivan. Necessário ainda lembrar que o médium Orlando Noronha Carneiro comentou sobre a presença da bisavó e declinou seu nome e aparência no breve diálogo evocativo que manteve com os pais de Gabriel, momentos antes da sessão de psicografia;

d) Menção cifrada a outra conversa, desta feita mantida com o pai, minutos antes de desencarnar: "Percebendo que o fim estava próximo, eu disse 'Filho, vai para a luz'. E o que ele escreveu na carta foi uma reposta a essa minha recomendação. Ele escreveu 'Quando eu abri os olhos aqui, vi a luz desta vozinha e segui ela em seus braços'. Novamente, era algo que só nós compartilhamos", assevera o pai;

e) Menção à comunidade criada no Facebook em sua homenagem: diferente dos itens anteriores, necessário ressaltar que este diz respeito a informação pública, ou seja, facilmente encontrada em pesquisa através da internet. No entanto, igualmente necessário é levar em consideração a afirmativa dos pais do comunicante a respeito deste tópico. "Não havíamos mencionado a ninguém no Pais e Filhos, muito menos ao médium, que essa comunidade em homenagem a Gabriel existia. E é algo muito importante para nós, pois fez parte da corrente de solidariedade em favor da recuperação do nosso filho", explica Ivan. Além do depoimento dos pais quanto à autenticidade do item, devemos ainda asseverar que a biografia do médium Orlando Noronha Carneiro, notável por sua discrição e seriedade, também abona a consideração do detalhe em tela. Assim Gabriel se refere à página criada em solidariedade de sua recuperação: "Sou eternamente grato pela comunidade que lutou comigo enquanto eu lutava lá na UTI. [...] Cada oração que recebi da comunidade foi uma brisa de paz que me acalmava". Indo além, podemos refletir da seguinte forma: mais passível de contestação seria uma mensagem do comunicante que não fizesse referência a um aspecto incontornável da sua hospitalização, ainda que se trate de dado público;

f) Resposta à preocupação íntima dos pais, em especial da mãe: quando Gabriel piorou de saúde, sua mãe encontrava-se em outro estado, Minas Gerais, onde cuidava da mãe, que se encontrava enferma. Voltou às pressas para São Paulo, assim que Ivan desconfiou que se tratava não de uma sinusite, mas de algo mais grave. "Ficou em mim, no meu coração, a dúvida sobre se poderíamos ter agido mais rápido, feito algo diferente que mudasse tudo e o Gabriel se recuperasse. No fundo, como mãe, eu me sentia culpada. E ninguém sabia disso, nem mesmo meu marido. Mas na carta Gabriel me deu uma resposta a essa inquietação, ao afirmar 'E não vim antes não. Vocês sabem que cumpri a minha etapa ao lado de vocês e de meu irmão Eduardo'. Ou seja, ele sabia o que eu estava sentindo e que era importante retirar de mim qualquer sentimento de culpa", explica a mãe;

g) Menção à mochila escolar dada de presente pelos pais na semana em que adoeceu: Gabriel usa nova frase metafórica para cifrar outra informação íntima, só sabida por ele e pelos pais. Assim se coloca: "eu tinha que pegar uma mochila não para uma viagem com vocês, mas para subir uma outra montanha, que é o lado em que vivo hoje aqui". Como havíamos abordado rapidamente antes, uma mochila escolar (foto abaixo) havia sido objeto de brincadeira entre filho e pai por conta de seu aspecto. "Realmente, não parece uma bolsa escolar, mas uma mala de viagem mesmo. Por isso, Gabriel fala da bolsa e da viagem para o outro lado da vida. Mais um modo de confirmar para a gente que a carta é de verdade", comenta o pai;

Mochila mencionada por Gabriel em sua carta psicografada

h) Menção ao local de diversão preferido: em mais uma frase metafórica e cifrada, Gabriel, segundo a interpretação dos pais, menciona o Jump Park, estabelecimento recreativo localizado em Jundiaí, onde gostava de ir para brincar no imenso sistema de camas elásticas. O garoto assim afirma: "Sigam na fé. Nada de tristeza. Pular e pular com a corda da vida". Para seu pai, a frase só poderia ser entendida por sua família. "Nas entrelinhas, ele está se referindo a outro detalhe privado, só sabido por nós: o Jump Park onde amava brincar de pula-pula nas camas elásticas", explica Ivan;

i) Menção aos avós maternos e paternos, os quatro ainda encarnados, inclusive com indicação do nome de um deles: Gabriel dá outra indicação de autenticidade ao mencionar expressamente que seus avós se encontram vivos fisicamente e brinca ao mencionar o nome de apenas um deles, o pai da sua mãe: "Beijão para meus avós. Sem ciumeira, que o vô Luís seja a minha mão enviada para todos os meus avôs". A mãe explica a importância dessa passagem da carta: "Todos os quatro avós do Gabriel ainda estão vivos. E não dissemos nada a respeito na sessão. Mas na conversa, Orlando já havia perguntado quem era o vô Luís encarnado. Ou seja, só podia ser o Gabriel em pessoa falando isso";

j) Reticências que podem indicar conhecimento do projeto da família de gerar um novo filho: Gabriel põe reticências numa frase em que enumera os membros de sua família. Trata-se da seguinte frase: "Mãe, você é linda. Meu tudo, do pai e do Eduardo..." Só alguns dias após o recebimento da psicografia, a família veio a refletir sobre o significado dos três pontinhos. "Um amigo me alertou sobre a possibilidade de as reticências serem um modo de Gabriel insinuar que nossa família ganharia mais um membro. Foi então que a 'ficha caiu'. Para nós é exatamente isso. Gabriel sabe que estamos tentando engravidar novamente. Só que essa decisão só foi tomada após a sua morte. Mas há algo mais forte nessa decisão. No dia da psicografia, eu estava me recuperando de uma cirurgia de reversão de vasectomia. Ainda sentia muitas dores. E ninguém sabia disso no Pais e Filhos. Para nós, Gabriel usou aqueles três pontos após o nome do irmão mais velho para atestar que sabia que estamos agora lutando para gerar um novo irmão", explica Ivan;

k) Menção a possível nova carta psicografada: Gabriel promete voltar a se comunicar, dando, com isso, sinais de que sabe que sua família continuará a frequentar sessões públicas de psicografia. Em outras palavras, pode-se afirmar que se trata de um sinal de ligação mental com os pais. "Sempre que pudermos, estaremos presentes em sessões de psicografia", promete Ivan. No dia 5 de agosto de 2018, o pai de Gabriel esteve presente à sua segunda sessão no Pronto-Socorro Espiritual Pais e Filhos. "Tentava receber uma segunda carta. Infelizmente, Rose não pôde ir, porque estava em Minas acompanhando o meu outro filho Eduardo em seu primeiro dia de aula na faculdade neste semestre. Dessa vez, Gabriel não mandou mensagem escrita, mas se fez presente.

Conversei rapidamente com o médium Orlando e ele me disse que Gabriel estava sempre a meu lado durante toda a sessão. E descreveu o modo como ele balançava as pernas quando estava sentado, exatamente como ele fazia quando estava vivo", relata Ivan;

l) Semelhança da assinatura da carta com a que usava em vida: como se pode constatar nas fotos reproduzidas a seguir, Gabriel esforçou-se na psicografia para grafar sua assinatura com similaridade em relação ao modo adotado na sua mais recente encarnação, fato sempre digno de nota, uma vez que se consubstancia como forte elemento de autenticidade da comunicação mediúnica.

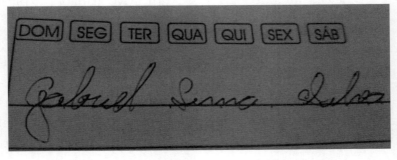

Assinatura de Gabriel feita em vida em caderno escolar

Assinatura de Gabriel feita em sua carta psicografada

VIDA APÓS A PSICOGRAFIA

"Não choramos a morte, só a saudade". Assim Ivan e Rose tentam resumir como vivem após a partida para a vida espiritual de seu filho Gabriel. Pelo que se depreende da entrevista que concederam por telefone, a psicografia recebida ajudou a alicerçar em bases ainda mais fortes a fé na imortalidade humana e na justiça divina.

"Agradeço por cada momento que vivemos juntos. Gabriel podia até ter ido antes. Certa vez, numa praia, eu quase morri afogado junto com Gabriel. Era para ele ter se afogado, mas consegui poupá-lo e eu fui puxado pelo mar e quase me afoguei. Vi Nossa Senhora, de quem sou devoto, no momento desse quase afogamento. E compreendi que por algum motivo era para meu filho ter ido", afirma Ivan, cuja experiência no mar, anos após, ajudaria a compreender que cada dia de vida é uma dádiva a ser agradecida.

E uma das maiores provas do quanto a família Lima Silva passou a valorizar ainda mais a vida após a partida de Gabriel é o projeto de permitir a vinda à Terra de um novo filho. No dia 11 de junho de 2018, menos de um mês após a morte de Gabriel, um médico se sensibilizou com o caso da família e ofereceu a Ivan gratuitamente uma cirurgia de reversão de vasectomia. A cirurgia contraceptiva havia sido feita quando Gabriel tinha apenas dois anos de idade.

"Aceitamos desde o início a morte de Gabriel. Não perguntávamos por quê. Só agradecíamos por cada dia de vida juntos. Mas a carta é algo especial, pois ajuda a diminuir a saudade e a continuar o curso da vida", explica Ivan.

Já a mãe, Rose, relata que há muitos anos teve um sonho em que viu que teria quatro filhos. "Não acreditamos que

Gabriel irá reencarnar, mas que receberemos outra criança. E a carta não dá sinais de que ele reencarnará, mas as reticências talvez indiquem que ele terá um novo irmão, ou até quem sabe irmãos. A perspectiva de gêmeos é possível, pois temos alguns casos na família", comenta Rose.

A família Lima Silva dá várias demonstrações de que vê sempre algo positivo em cada experiência. Um dos mais fortes símbolos dessa disposição de fé ocorreu no dia do enterro do corpo de Gabriel. Uma amiga da família tirou uma foto do céu no instante do sepultamento. "Nessa foto, vemos o rosto de Gabriel formado nas nuvens, como um anjo no céu". Um dos tantos sinais de que para essa família é possível sempre ir além da dor para testemunhar que a vida e o amor nunca perecem.

6º CASO
"Na emoção do skate"

Espírito comunicante: Lucca Roberto de Britto
Nascimento: 30 de setembro de 2006
Desencarnação: aos 8 anos, em 27 de agosto de 2015
Mãe: Eliane Aparecida Roberto de Britto
Pai: Marcelo de Britto

Como bem atesta a extensa bibliografia sobre o assunto, para que o fenômeno da psicografia se produza, é necessária a confluência de diferentes fatores, dentre os quais a afinidade entre espírito e médium. Não à toa, Chico Xavier, o maior médium psicográfico já visto no Brasil, dizia que "o telefone toca de lá para cá". Ou seja, ainda que nossa vontade seja a mais forte possível, só se as condições espirituais forem favoráveis é que poderemos receber uma mensagem de um familiar já desencarnado por meio de psicografia ou mesmo outra modalidade de comunicação.

Isso nos leva a uma incontornável constatação: a maioria das pessoas que buscam uma mensagem não conseguirá êxito em seus propósitos. Poucos, portanto, serão os que terão a alegria de "ouvir" seus amados a lhes "falar" diretamente através de um médium. E nunca é demais lembrar que muitos médiuns afirmam que eles próprios jamais receberam uma desejada mensagem de uma mãe, pai ou irmão que cruzou a linha para a outra vida.

Mas, como se trata de um fenômeno complexo, por outro lado, poderemos nos deparar com casos de famílias que recebem mais de uma comunicação e até mesmo várias. A história que abordaremos neste capítulo é especial por conta da raridade da repetição do fenômeno produzido por diferentes médiuns e modalidades de comunicação.

"Ao todo, já recebemos treze comunicações do nosso filho", nos contou Marcelo de Britto.

UM NOVO *HOBBY*

Campinas, grande cidade do noroeste paulista, é o lar da família Britto. Pai, mãe e filho viviam uma vida típica dos grandes centros urbanos, marcada por muito trabalho e pela necessidade de consolidar momentos de afeto em meio a uma agenda diária de afazeres.

Quando o garoto Lucca estava com oito anos de idade, seu pai, preocupado com a quase exclusividade dada às distrações eletrônicas como celular e *tablet*, decidiu proporcionar ao filho algum *hobby* ao ar livre.

"Um amigo me falou: 'quer que ele deixe o *video game*? Então invente alguma atividade diferente. Mas com uma condição: seja seu companheiro na brincadeira'. Vi que ele tinha razão. Então, comecei a incentivar o Lucca a praticar *skate*, esporte que eu conhecia bem porque também havia praticado na minha juventude. Compramos um *skate*, equipamentos de segurança e passamos a ir todos os sábados a uma pista perto de casa. E deu muito certo. Além de meu filho se mostrar bastante dedicado ao esporte, também aprendeu algumas regras que envolviam respeito, disciplina e bom relacionamento. Na época algumas crianças de um orfanato situado próximo à pista frequentavam as aulas, mas não tinham os equipamentos. Um dos aprendizados de Lucca foi entender a necessidade daquelas crianças e compartilhar os *skates* e equipamentos. O esporte criou um vínculo muito especial entre nós dois", relembra o pai, Marcelo.

Lucca praticou *skate* por cerca de apenas dez meses, mas, como se verá neste relato, foi tempo suficiente para marcar sua breve biografia e também a história da sua família. A influência do esporte iria mais além, alcançando até mesmo a condição de ponte entre dois planos: o material e o espiritual. O *skate* foi o tema de uma das mensagens enviadas por Lucca aos seus pais após a sua desencarnação. Para ser mais preciso, trata-se da última das treze comunicações até o levantamento dos dados aqui relatados. A mensagem será analisada neste capítulo, mas também abordaremos o relato do pai do garoto a respeito de algumas das demais comunicações.

COTIDIANO ABALADO

A linha que demarca o antes e o depois, nos casos de desencarnação rápida, parece ainda mais tênue quando envolve o retorno à pátria espiritual de quem estava na experiência física há poucos anos. Foi o caso de Lucca. A foto com que se abre este capítulo foi feita por seu pai num sábado, apenas cinco dias antes da sua desencarnação.

"Naquele sábado, Lucca parecia estar diferente. Num determinado momento, ele parou as manobras que estava fazendo, sentou no meio da pista e ficou um bom tempo pensativo, abraçado ao *skate*. Acho que de alguma forma intuitiva ele sabia que aquele sábado seria seu último dia de prática do *skate*. Também não foi por acaso a minha vontade de levar a câmera com uma teleobjetiva para fotografá-lo melhor naquele dia", relata Marcelo.

Terça-feira, 25 de agosto de 2015, três dias após a última ida à pista de *skate*, parecia um dia comum para a família Britto. Marcelo e Eliane cuidavam de suas ocupações profissionais, Lucca foi à escola, voltou para casa, fez suas atividades escolares como todos os dias. Ao final da tarde, por volta das 18 horas, estava desenhando em sua prancheta, ao lado de sua mãe, que conferia as tarefas de escola. De repente, queixou-se de uma dor de cabeça. Sua mãe ficou preocupada porque Lucca nunca havia antes se queixado de dor de cabeça e sempre teve ótima saúde. Ele continuou a desenhar, mas começou a apresentar sintomas de tontura. Sua mãe telefonou para o marido, que chegou em casa rapidamente, e para a pediatra do garoto. "A essa altura, quando cheguei, Lucca estava no chuveiro e havia vomitado em jatos. Corremos imediatamente em busca de atendimento médico de urgência", relembra o pai.

Durante as primeiras horas de hospitalização, veio o diagnóstico: MAV. A sigla representa algo perigosamente silencioso para o corpo humano: uma malformação arteriovenosa. Trata-se de uma anormalidade no desenvolvimento, em fase embrionária, dos vasos do sistema nervoso, caracterizada pela comunicação direta entre uma artéria e uma veia, sem haver a formação de uma rede de capilares. Essa característica representa grande risco de hemorragia cerebral causada por rompimento de veias que venham a receber o fluxo sanguíneo com alta pressão diretamente das artérias, sem o "amortecimento" dos capilares. E foi exatamente o rompimento de uma veia em tal condição que causou uma hemorragia cerebral em Lucca. "Nosso filho foi submetido a uma cirurgia cerebral de emergência. Os médicos nos relataram que as 48 horas seguintes após o procedimento seriam decisivas para se saber qual prognóstico nosso filho teria. Foi uma espera muito intensa para toda a nossa família e amigos", relembra Marcelo.

Infelizmente, a hemorragia decorrente da MAV foi bastante intensa e a perspectiva de morte encefálica passou a ter que ser considerada pelos pais e demais familiares de Lucca. Isso significava decidir sobre a uma possível doação de órgãos. "É muito difícil encarar essa perspectiva, porque ela pressupõe que seu filho poderá não sobreviver. Até o último momento, você tem esperança que o quadro mude e tudo

volte ao normal. Por isso, minha esposa e minha sogra estavam relutantes em autorizar que a equipe médica executasse o protocolo de doação. Já eu estava mais aberto a essa possibilidade. A certa altura, visitei um CTI com crianças em tratamento de hemodiálise e minha postura
se manteve ao ver tanto sofrimento. Se o pior ocorresse com o nosso filho, pelo menos teríamos como ajudar crianças necessitadas de órgãos", conta Marcelo.

Mas a possibilidade de doação de órgãos não se confirmou. Lucca desencarnou em decorrência de uma parada cardíaca, fato que impossibilitou a doação dos órgãos. Apenas as suas córneas puderam ser doadas.

"Pouco antes de nosso filho nos deixar, tivemos uma difícil conversa de despedida. Eu lhe dei o último 'abraço quebra-osso', uma brincadeira que sempre fazíamos. Minha esposa o abraçou e disse: 'Lucca, perdoa a mamãe e o papai se a gente fez algo errado com você. O papai do céu está querendo que você vá morar com ele'. Logo após, o alarme de monitoramento dos sinais vitais disparou. Eliane achou que seria uma reação de melhora de Lucca, mas eu sabia que se tratava da despedida. Foram os piores momentos de nossas vidas ao vê-lo partir em plena infância", conta o pai com emoção.

Segundo Marcelo, ao relembrar os oito anos de vida ao lado de Lucca, ele e a esposa passaram a perceber que vivenciavam uma espécie de intuição de que o filho viveria pouco. "A ficha só caiu após a partida de Lucca. Acredito que tanto nosso filho como nós sempre tivemos pequenos sinais de que sabíamos como seriam as coisas. Demoramos a decidir engravidar, porque minha esposa sempre teve muito medo de ter filho. Lucca nasceu prematuramente, aos oito meses de gestação, com 3,210 quilos e 49 centímetros, o que impressionou a todos da equipe médica, familiares e amigos. Lucca cresceu normalmente, mas sempre apresentou situações diferentes com fatos que ocorriam e que não condiziam com sua idade. Isso nos chamava a atenção e até nos deixava intrigados. Uma das características era não gostar de músicas calmas, pois o entristeciam. Certa vez na escola, ele estava ensaiando uma música para o Dia das Mães, se emocionou e começou a chorar muito, chegando até mesmo a 'contagiar' os colegas e professoras, e todos passaram a chorar com ele. Pensando sobre isso hoje, acreditamos que essas ocorrências demonstram que Lucca guardava inconscientemente a percepção de que viveria poucos anos conosco", raciocina o pai.

FÁCIL COMUNICAÇÃO

Logo após a desencarnação de Lucca, segundo relata seu pai, começaram a se produzir fenômenos que demonstravam uma ligação com a dimensão não material. Mesmo sendo católicos, Marcelo e Eliane acreditam ser possível a sobrevivência do espírito e a comunicação com aqueles que partiram. Durante os difíceis dias de hospitalização de Lucca e depois do seu trespasse, pessoas de diferentes religiões tentavam ajudar a família a de alguma forma viver melhor a dura experiência de ver partir o único filho. Entre os que ofereciam ajuda, amigos espíritas deram sua colaboração, sensibilizando a família quanto à possibilidade de comunicação mediúnica.

"As primeiras notícias de Lucca após a sua partida vieram de uma coincidência que nos ajudou a ter mais certeza quanto à sobrevivência após a morte. Poucas horas após a partida do nosso filho, duas pessoas diferentes, sem contato entre si, nos deram o mesmo recado. Às 23h30, algumas horas depois da partida de Lucca, minha cunhada, que é espírita, bateu à nossa porta. Ela saiu do hospital e foi direto para o Centro Espírita que frequentava e teve o atendimento da médium que disse: 'a passagem dele foi muito tranquila; ele foi na condição de ser cuidador e não de ser cuidado, ele é muito evoluído'. Esse relato por si só traria algum conforto, mas estávamos completamente estarrecidos e sem noção, como se tivéssemos anestesiados. Às 6 horas da manhã do dia seguinte, no velório, o mesmo recado foi dado novamente por outra pessoa. Minha prima, que também é espírita e médium, afirmou que, na sua oração da manhã, teve um contato com minha mãe, já desencarnada há três anos e meio. Ela deu o seguinte recado: 'Fala para o Marcelo que eu já me curei e o Lucca já está aqui. Sua passagem foi tranquila'. Minha prima disse que Lucca é evoluído e foi para ser cuidador e não para ser cuidado. A confirmação do mesmo recado por duas pessoas diferentes e em menos de seis horas nos fez perceber a veracidade das mensagens", explica Marcelo.

Seria apenas o começo de uma longa trajetória de quase três anos a receber recados de Lucca, a certa altura diretamente do filho.

"O primeiro Natal sem o Lucca, em 2015, foi de uma imensurável e inimaginável dor. Queríamos ficar em casa, mas minha cunhada e minha sogra insistiram muito para que fôssemos ficar na companhia da família toda, pois a dor e as lágrimas seriam inevitáveis para todos nós. Na manhã do dia 26, percebi no meu celular uma foto feita às 0h34, do dia

25/12/2015 em minha casa, ou seja, no momento em que estávamos na casa de minha cunhada. Simplesmente nem eu e nem minha esposa havíamos usado o celular para tirar fotos nesse dia. O mais curioso é que a foto foi tirada na sala de nosso apartamento e tinha efeito especial contemplando a foto, que foi feita de um ângulo muito difícil. Somente Lucca sabia usar esse aplicativo para colocar efeitos nas fotos, pois ele sempre brincava com o meu celular colocando temas e figuras nas fotos, mas nunca me interessei em saber como funcionava isso. O contexto da foto fez muito sentido para nós, uma vez que somente nós e Lucca teríamos condições de interpretá-lo. Ficamos perplexos e completamente agradecidos pelo acontecido. A psicóloga que nos acompanha é tanatóloga, além de ser espírita também. Ela nos fez refletir que é um privilégio e uma bênção receber um sinal sem intermédio de ninguém, uma comunicação direta conosco. Acredito que se trata de um recado de Lucca para nós, como uma forma de nos dizer que estava presente conosco na noite de Natal", conta o pai.

Logo após essa ocorrência, seus pais, com apoio de amigos espíritas, passaram a buscar comunicações do filho através de médiuns. E o garoto se mostrou um espírito com facilidade e habilidade de se comunicar através de diferentes médiuns. Como dito anteriormente, 13 comunicações já foram obtidas pela família. "Temos uma pasta organizada com todas as comunicações. Nosso desejo é escrever um livro relatando a história do nosso filho e demonstrando que a comunicação espiritual é possível. Esse livro teria o intuito de ajudar outras famílias que passam pela mesma situação", afirma Marcelo.

O pai continua a relatar como se deu a obtenção de mensagens mediúnicas: "Quando você passa a buscar uma comunicação, aprende que deve falar sempre o mínimo a respeito da sua família e de quem partiu como forma de ter um melhor controle quanto à autenticidade de eventuais mensagens recebidas. Uma das primeiras cartas enviadas por Lucca nos chegou através de um médium de conhecido Centro Espírita, localizado em São Paulo. Foi muito emocionante. Lucca desenhou e descreveu o lugar onde estava. O médium também se emocionou, dizendo que nunca tinha começado uma carta com desenho e que foi difícil para ele, pois tinha dificuldade para desenhar. Passamos, na medida do possível, a sempre estar presentes em locais onde houvesse um médium disposto a ser o meio de comunicação com parentes desencarnados. Após essa primeira comunicação, obtivemos mensagens através de outros médiuns de Minas Gerais e mesmo de São Paulo. Após quase três anos recebendo mensagens psicografadas, percebo que Lucca, além de se comunicar facilmente como espírito, montou uma estratégia para que, ao mesmo tempo que tivéssemos consolo e certeza de que ele continua vivo, fôssemos nos libertando da necessidade de receber comunicações. Digo isso, porque as mensagens foram, aos poucos, se tornando mais curtas. A última recebida em 1º de julho de 2018, através do médium Orlando Noronha Carneiro, foi a mais recente. É bem curta e nas poucas palavras que ele escreve, diz que era o possível para aquele momento".

Segundo Marcelo, o filho Lucca tem sido um verdadeiro professor espiritual para ele e a esposa através de cada mensagem. Para Marcelo, o garoto tem demonstrado que tudo o que aconteceu havia sido combinado por pai, mãe e filho antes desta vida, mesmo que eles não se lembrem. "Lucca falou que está cumprindo sua parte no combinado e que nós precisamos cumprir a nossa", conta.

"Em uma das comunicações no início de 2018, mostrou-se preocupado conosco, porque eu e minha esposa, na época do Natal, em 2017, estávamos sofrendo separadamente, chorando longe um do outro.

Tentou nos mostrar que esse não era o caminho e que o ideal seria nos unirmos para dividirmos a tristeza e fortalecer nossos laços. Foi muito importante, porque nos fez ver como estávamos vivendo equivocadamente após a sua partida. Lucca demonstra muita lucidez e evolução ao lidar com tudo o que aconteceu. E sempre tem frases muito especiais que conseguem nos ajudar. Uma das mais belas nos foi enviada através de um médium de Minas Gerais. Lucca falou para a mãe assim: 'Mamãe, o amor tem o mapa do Universo, por isso quem se ama sempre se encontra'. Era algo que precisávamos muito ouvir naquele momento", relembra Marcelo.

Através de outro médium, Marcelo relata que receberam um recado que pareceu intrigante no momento, mas que viria a ser esclarecido só um mês depois: "Numa mensagem já curta, Lucca citou como os sábados eram difíceis para mim, porque era o dia em que íamos à pista de *skate*. Disse também que a vovó escreveria e que ele iria desenhar para mamãe. Para Eliane, ele deu uma informação que nos parecia uma menção a um desenho que faria em outra carta futura, mas depois soubemos que não era isso. Lucca falou: 'Mamãe, pode ser que eu desenhe para você, quem sabe?' Só 30 dias depois é que soubemos do que se tratava essa frase enigmática. Minha esposa recebeu em seu trabalho a visita de uma amiguinha do Lucca, acompanhada de sua mãe. Ela levou um desenho que Lucca havia feito para ela na escola. Então na sexta-feira, véspera do Dia das Mães, elas aparecem de surpresa com o desenho em um quadro. Não tínhamos muito contato com essa amiga do Lucca, apenas sabíamos da grande afinidade entre eles, pois sempre estavam juntos na escola. Lucca, como espírito, deu um jeito de chegar até nós, confirmando o que ele disse na carta, que talvez desenhasse para a mãe. Além disso veio a primeira psicografia da avó, minha mãe, recebida em um Centro Espírita, em São Paulo. Três fatos citados na psicografia anterior se confirmaram", explica Marcelo.

CARTA PSICOGRAFADA E DESENHO MEDIÚNICO

Data de recebimento: 1º de julho de 2018
Médium: Orlando Noronha Carneiro
Local: Pronto-Socorro Espiritual Pais e Filhos (Osasco, SP)

Mamãe Eliane,
Meu Pai Fernando,
Vovó Alzira está aqui do meu lado.
Hoje o que eu posso lhes entregar, segundo foi possível, é o que vocês sabem: "sou eu, o fera. É eu na emoção do skate".

TRAÇOS DE AMOR

A mais recente comunicação de Lucca a seus pais aconteceu no dia 1º de julho de 2018, pelas mãos do médium Orlando Noronha Carneiro, no Pronto-Socorro Espiritual Pais e Filhos, em Osasco, na Grande São Paulo. O roteiro pelo qual a família Britto passou foi o mesmo observado há mais de 30 anos naquela longeva casa espírita de consolação. "Preenchemos uma ficha com dados resumidos do nosso filho, só com nome, data de nascimento e de desencarnação. Também escrevemos nossos nomes e graus de parentesco. E como já temos experiência na busca por mensagens psicográficas, sabemos que não devemos conversar com ninguém a respeito de nossa história para preservarmos ao máximo a confiança no trabalho", relata Marcelo.

Ele conta que conheceu a atuação mediúnica de Orlando Noronha Carneiro através de um casal que conheceu em um dos encontros de psicografia. E revela que, como outros pais e mães presentes naquele encontro, teve a oportunidade de conversar rapidamente com Orlando. Nesse momento, Lucca fez-se notar ao médium, emocionando os pais pela evidência da presença do filho.

"Orlando nos falou: 'Olha que bacana! Ele gostava de *skate*? Tá me mostrando aqui. E me chamou de tio'. Ficamos muito felizes. Nem precisava mais vir a carta, pois sentimos naquele momento que o Lucca estava presente. Essa rápida conversa por si só já nos tranquilizou, tanto que achávamos que ele não mandaria uma mensagem naquele dia", relembra o pai.

Mas felizmente Lucca enviou sua 13ª comunicação espiritual para seus pais. E é essa mensagem curta, mas muito expressiva, que analisamos a seguir.

> *a) Fato inusitado na menção aos nomes dos pais*: como se sabe, o simples fato de mencionar como pais e mães se chamam, por si só, quase nunca pode ser interpretado como um indício de autenticidade de uma psicografia recebida, uma vez que esses dados constam nas fichas que os candidatos a recebimento de mensagens preenchem no início das reuniões de psicografia. Na carta, o nome da mãe, Eliane, foi grafado corretamente, mas, em vez de Marcelo, foi escrito Fernando como sendo o nome do seu pai. Logicamente, o erro de grafia, neste caso, não pode

ter como origem o espírito, mas, sim, o médium. E o equívoco pode ser interpretado como um indício de autenticidade se respondermos à seguinte pergunta: por que um médium erraria um dado cujo acesso ele teria facilmente, bastando consultar uma ficha fornecida pelo próprio pai do comunicante? É evidente que se trata de um erro involuntário do médium, só possível de ser cometido no contexto de uma comunicação autêntica, na qual o médium se apoia tão somente no processo mental mediúnico, desprezando qualquer apoio material secundário como fichas. "Orlando nos explicou que se tratava de um erro da sua parte. Mas, por todos os demais detalhes que há na carta, não duvidamos em nenhum momento que se tratava de uma psicografia legítima do nosso filho, pois as outras informações estavam corretas e não havíamos revelado nada a ninguém", explica Marcelo;

b) Menção à avó desencarnada: Lucca afirma estar acompanhado da sua avó paterna, Alzira, desencarnada aos 74 anos, em 5 de agosto de 2012. "Em vida, Lucca e minha mãe tiveram pouco contato, pois ela sofria do Mal de Alzheimer. A menção à vovó Alzira é um sinal muito importante de autenticidade, pois ninguém no Pais e Filhos sabia qualquer informação sobre minha mãe. E essa informação confirma os recados que recebemos logo após a despedida de Lucca, de que ele havia sido recebido pela avó", raciocina Marcelo;

c) Sutil referência de que já havia se comunicado antes através do fenômeno mediúnico: esse detalhe é aparentemente pouco perceptível na carta. Mas só aparentemente. Lucca assim se expressa: "Hoje o que eu posso lhes entregar, segundo foi possível, é o que vocês sabem". Para nós, numa leitura mais atenta e munidos da informação de que o comunicante já havia mandado 12 mensagens anteriores, fica patente que o advérbio de tempo "hoje" indica que houve um "ontem", ou seja, um passado de considerável número de comunicações. E a frase também faz referência a uma gradação regressiva na extensão da mensagem que condiz com a estratégia notada pelo pai de Lucca de que o filho foi a cada mensagem diminuindo o tamanho dos textos para abrandar uma possível dependência dos genitores às comunicações mediúnicas;

d) *Menção textual e por desenho ao esporte preferido*: o ponto alto da carta de Lucca é a abordagem da sua paixão pelo *skate*, referência marcante de sua breve biografia. Após anunciar que sua mensagem seria curta, ele afirma "sou eu, o fera. É eu na emoção do *skate*". E continua com um desenho que retrata um *skate* em traços infantis, condizentes com o estilo que apresentava nos seus desenhos em vida física. Para seu pai, trata-se do mais forte sinal de autenticidade da carta, demonstrado já na conversa mantida com o médium, momentos antes do recebimento da psicografia. "O assunto *skate* foi tão marcante nas nossas vidas que, três meses após a partida do Lucca, eu decidi tatuar no meu braço a reprodução de uma linda foto que fiz do meu filho numa manobra (ver reprodução abaixo). O desenho que ele fez na carta representa todos os significados que o *skate* teve para ele e para nós", explica Marcelo;

À esquerda, foto de Lucca em manobra com *skate*, tirada por seu pai, Marcelo; à direita, foto da tatuagem que o pai fez no braço em homenagem ao filho.

e) Assinatura semelhante à que usava em vida física: outro importante indício de autenticidade da psicografia é a assinatura com que Lucca termina sua missiva, que guarda considerável similitude, por exemplo, com registros em provas escolares assinadas em vida pelo garoto. Reproduzimos a seguir:

Vida após a vida | 147

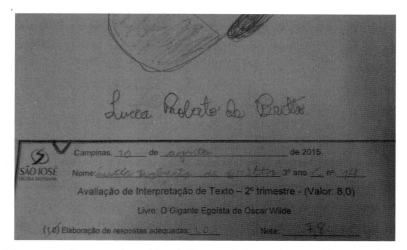

No topo, assinatura psicográfica de Lucca; abaixo, assinatura feita em vida em prova escolar.

VIDA APÓS COMUNICAÇÕES

Marcelo relata o quanto aprendeu com as mensagens enviadas por Lucca em três anos após a sua desencarnação. Afirma que ele e a esposa continuam a ser católicos, mas que as comunicações mediúnicas os têm ajudado a ressignificar a dor da saudade e a ver consolo em todas as religiões.

"Em cada credo religioso, vemos a mesma coisa sendo falada de modos diferentes. É preciso retirar as linhas de separação. Não importa o lugar de onde se fala, mas, sim, as palavras que são ditas. Nos centros espíritas onde recebemos mensagens do nosso filho pude ver muitas mães e pais conseguindo se reerguer após as cartas, mas também recebemos apoio de amigos de outras religiões, como evangélicos e católicos", afirma Marcelo.

Para representar o efeito das mensagens mediúnicas, o pai de Lucca usa uma metáfora: "Uma carta psicografada é como um desfibrilador agindo no coração para fazer ele voltar a bater. Ajuda, mesmo tristes, a vermos as coisas de forma diferente. Através de uma mensagem, seu ente querido consegue te pegar no fundo do poço e te trazer de volta à tona. Depois de várias mensagens, fico pensando qual será a nossa tarefa. Sei que nada acontece por acaso. Hoje, eu e minha esposa, com apoio de uma psicóloga especialista em Tanatologia, temos buscado prosseguir da melhor forma possível. Temos tentado fazer a nossa parte do trato que Lucca afirma que fizemos antes de virmos todos para esta vida", revela Marcelo.

7º CASO
Um novo tempo se faz agora

Espírito comunicante: José Bendimar de Lima
Nascimento: 29 de dezembro de 1950
Desencarnação: aos 66 anos, em 8 de dezembro de 2017
Esposa: Inácia Ivonete Santos Lima
Filhos: Benácio, Maximiano, Geórgia, George, Kátia e Bendimar Júnior

Geórgia Maria Santos Lima viu seu pai, José Bendimar de Lima, partir aos 66 anos de idade em circunstâncias que não lhe permitiram ajudá-lo como gostaria em sua passagem para a outra dimensão da vida.

Seu Bendimar, como era chamado por familiares e amigos, faleceu em decorrência de complicações ocasionadas por acidose metabólica.

De acordo com Geórgia, no hospital aonde levou o seu pai para atendimento de emergência, houve demora em ministrar soro por via venosa, o que foi decisivo para o agravamento do quadro clínico do seu genitor. Seu Bendimar era portador de uma hérnia diafragmática, que, ao longo do tempo, debilitou a sua saúde de um modo geral e comprometeu a atividade do seu pulmão esquerdo. Nessa condição, qualquer evento que afetasse a sua capacidade respiratória, segundo orientação dos seus médicos, em especial de sua pneumologista, seria fatal. Foi o que terminou ocorrendo: a acidose metabólica desencadeou uma falta de ar severa, que se agravou, e o paciente foi conduzido para uma Unidade de Terapia Intensiva. Mas ainda havia uma decisão difícil a ser tomada: para mantê-lo vivo, seria necessário executar um entubação, procedimento que, no entanto, era contraindicado a Seu Bendimar, em virtude de ele possuir apenas o pulmão direito em atividade, tendo limitada, assim, a sua capacidade respiratória. Se fosse feita a entubação, a ventilação do pulmão direito passaria a ser feita mecanicamente, deixando o órgão em repouso. E dependendo do tempo de inatividade, o pulmão poderia não voltar mais à sua atividade autônoma de ventilação. Todavia, ao mesmo tempo, a manobra era indicada pelos médicos da Unidade de Terapia Intensiva na tentativa de uma melhor abordagem do quadro em que ele se encontrava, havendo para eles a esperança de que o paciente se recuperasse. Quando Seu Bendimar começou a apresentar um quadro de perda de consciência, a difícil decisão de o entubar se concretizou e o que todos temiam aconteceu.

"Meu pai passou mal numa quinta-feira, às 10 horas da manhã. Inicialmente no hospital, houve negligência no seu atendimento, o que desencadeou uma acidose metabólica. E às 15 horas teve que ser deslocado para a UTI. Na minha conversa com o médico plantonista da noite pedi autorização para eu, meus irmãos, minha mãe, genro, noras e meus dois filhos entrarmos e conversarmos com ele, pois, caso fosse entubado, teríamos nos despedido. Para minha surpresa, o médico disse que eu estava sendo pessimista. Eu retruquei: 'não, estou sendo realista. Poderá ser a última vez que todos falaremos com o nosso pai'", conta Geórgia.

A decisão de o entubar se deu na sexta-feira, por volta das 8 horas da manhã. Quinze minutos depois, Seu Bendimar teve a primeira parada cardiorrespiratória, que veio a se repetir mais duas vezes. Após a terceira, não conseguiram mais reanimá-lo e ele faleceu.

Tudo aconteceu tão rapidamente que na filha que o acompanhava ficou a sensação de não ter podido estar tão próxima quanto gostaria do pai nos seus últimos instantes de vida física. "Precisei deixá-lo com minha mãe e me ausentar do atendimento para resolver as liberações do convênio médico e acabei tendo pouco tempo com meu pai antes de ele partir. Quando voltei, ele já estava acamado com queda de pressão e me falou: 'Neguinha, tô sufocando'. Ele tinha muito medo de morrer e lamento não ter tido tempo para acalmá-lo e ajudá-lo melhor", relata a filha.

A sensação de escassez de tempo foi ainda maior por conta de uma mudança de comportamento que Seu Bendimar estava apresentando há algum tempo. "Três meses antes de morrer, meu pai vinha tendo uma sonolência que a cada dia aumentava e esse fato nos dificultava o diálogo diário e constante que tínhamos. Eu dizia: 'Pai, acorda, vamos conversar'. E ele respondia: 'Filha, não consigo. É um sono forte e bom, de paz, não tá normal'. Ele nos últimos dias interagia pouco, levantando apenas para as idas ao banheiro, para realizar as refeições e para abençoar os netos, ou para pedir alguma coisa. Além disso, ele já não mais conversava todas as manhãs com a minha mãe como era seu costume. Encontrei por algumas vezes minha mãe chorando, porque esse sono não era normal. Eu acho que isso já era uma preparação para ele desencarnar em breve", revela Geórgia.

No entanto, em menos de oito meses após a sua partida, Seu Bendimar, agora como espírito liberto do corpo físico, demonstraria ser possível criar novas oportunidades para conversar com seus familiares, graças à mediunidade.

ESPOSO COMPANHEIRO

Ambos nascidos em 1950 e com estórias de vida similares, Seu Bendimar e Dona Inácia Ivonete se casaram em 1978. Vindos de cidades interioranas do Ceará, sem muitas oportunidades, chegaram com as respectivas famílias à cidade de Juazeiro do Norte, onde se conheceram e construíram uma vida e família em comum. Segundo Geórgia, eram muito bem casados e parceiros. Suportaram as dificuldades comuns de um casamento, mas sempre um ao lado do outro, combinando tudo. Viviam para a família que constituíram, os seus seis filhos. Mesmo em meio às preocupações normais do sustento, eles sempre conversavam sobre as dificuldades, os desafios, o futuro. Seu Bendimar costumava chamar a esposa de matriarca e se assumia um autêntico "barriga branca", termo popular atribuído ao homem que faz tudo o que a mulher quer.

"Eles se amavam verdadeiramente. Meu pai sentia muita segurança na companhia da minha mãe, principalmente nos momentos em que devia tomar decisões difíceis e importantes ou quando se sentia com medo ou inseguro. E a prova disso foram as vezes em que foi preciso interná-lo, como após uma cirurgia de retirada da tireoide. Durante a própria cirurgia, ele queria Dona Inácia sempre ao lado dele. Era como se ele visse nela mais do que uma esposa, mas uma mãe, uma companheira. Por isso na carta psicografada ele fala que Dona Inácia é 'uma eterna lembrança', ou seja, o convívio e o relacionamento foram tão fortes que ficarão para sempre na lembrança e no pensamento dele", relembra a filha.

PAI DEDICADO

O Ceará, em especial a cidade de Juazeiro do Norte, foi o cenário de vida para a extensa família que Seu Bendimar formou com Dona Inácia Ivonete, hoje com 67 anos.

Formou-se em Filosofia pela Pontifícia Universidade Católica (PUC) de Minas Gerais e era professor mestre aposentado da Universidade Estadual do Ceará (Uece) e ainda na ativa da Universidade Regional do Cariri (Urca), atuando nesta junto ao curso de História. Católico, chegou até mesmo a ingressar no seminário com intenção de tornar-se padre, mas desistiu. Mesmo assim, foi um verdadeiro católico durante toda a vida, tendo contato com a doutrina espírita apenas por diálogos travados no ambiente doméstico entre sua filha Geórgia e sua esposa Ivonete.

Teve seis filhos com sua esposa: Benácio, Maximiano, os gêmeos Geórgia e George, Kátia e Bendimar Júnior.

"Ele vivia verdadeiramente só para a família e o trabalho. Era um pai muito presente na vida dos filhos, bondoso, compreensivo, preocupado e conselheiro. Ele tinha uma verdadeira adoração por unir todos da família. Juntamente com a nossa mãe, nos deu a melhor infância possível, com boas escolas e momentos de lazer aos finais de semana e em período de férias (praça, missa, *pizza*, clubes, prática de esporte). Lembramos com muito carinho das idas ao sítio do meu avô Chico Rezador, também conhecido por Chico Preto. Lá tínhamos mais liberdade para brincar ao ar livre, tomar banho de açude e de chuva e tomar leite de vaca", relembra Geórgia.

A preocupação com os filhos era tão grande que Seu Bendimar telefonava com frequência para eles ou passava mensagens pelo celular para saber como estavam e para dizer que a matriarca estava com saudade. "Costumava chamar os filhos por apelidos. Era uma forma de carinho muito especial para todos. Ele gostava do WhatsApp e passava o dia pedindo fotos dos netos, dos filhos e do que acontecia com todos para ele mesmo postar num grupo que tínhamos", conta Geórgia.

Um dos seis filhos, George, construiu sua vida em outro estado, o Piauí, onde se estabeleceu na capital Teresina. Geórgia, Maximiano, Benácio e Bendimar Júnior, após casarem e constituírem suas próprias famílias, permaneceram no Ceará. Seu Bendimar e Dona Ivonete passaram, então, a morar com a filha Kátia Emanuella. Mas a presença dos filhos sempre era constante. Semanalmente cada um se fazia presente na vida dos pais no espaço de tempo disponível após as ocupações laborativas e diárias. Nas datas comemorativas, em especial, ou aos domingos, todos se reuniam. Geórgia, juntamente com os filhos João Francisco, 4 anos, e Maria Eduarda, 11, passavam o dia na casa dos pais e apenas à noite, quando o seu esposo Daniel retornava do trabalho, é que seguia para casa, já próximo ao horário de dormir.

"Eu e meu pai éramos muito parecidos e conversávamos muito sobre tudo. Mesmo sendo formada em Direito, abri mão da minha vida profissional para poder me dedicar integralmente aos meus filhos e esposo. Depois que papai passou a ter complicações de saúde, por dispor de mais tempo que os meus irmãos e por passar o dia lá com meus filhos, passei a ter um maior cuidado com ele. Mas todos os irmãos participavam de acordo com a disponibilidade de cada um. Eu tinha uma relação muito aberta e íntima com ele, não tinha medo de conversar sobre nada com meu pai. Amava cuidar dele. Dar banho, arrumá-lo, fazer lanches, dar os remédios, vestir as meias e, principalmente, conversar. Chamava ele de meu gordinho. Ele brincava: 'Como eu amo essa neguinha! Minha Neguinha é mesmo especial'", relembra Geórgia.

Essa ligação com a filha ficaria evidente na carta psicografada que Seu Bendimar enviaria à sua família.

MEDIUNIDADE QUE AFLORA

Geórgia é espírita há dez anos. Conversava mais com a mãe do que com o pai a respeito de suas crenças na imortalidade e na comunicação dos espíritos. Mas, Seu Bendimar, quando ouvia as duas cochichando, sempre perguntava qual era o segredo. Certa vez, ele surpreendeu a filha com uma enigmática frase que demonstrou que não estava tão fechado assim a percepções que vão além da matéria: "Eu e minha mãe estávamos conversando. De repente, meu pai se aproximou e perguntou: 'Vocês estão cochichando sobre o quê? Posso saber?' Respondi: 'Sim, é sobre coisas que você não acredita: espíritos! E então ele me surpreendeu ao dizer: 'Como você sabe? Você sabe o que eu vejo de madrugada quando estou sozinho assistindo tevê?' Fiquei calada e surpresa, porque jamais pensei que ele já tivesse visto espíritos", conta a filha.

Mas há em Geórgia algo além do simples conhecimento espírita adquirido através de leituras. Ela relata sentir e viver situações que hoje compreende serem faculdades mediúnicas que, após a morte do pai, têm se tornado mais perceptíveis. E essa característica viria a ser abordada pelo pai em sua comunicação psicográfica.

"Certa vez, durante o evangelho no lar na casa de uma amiga, senti como se estivesse saindo corpo, minha garganta ficou como que anestesiada e estive inconsciente por alguns minutos. Depois senti que recobrava a consciência. Perguntei à minha amiga o que havia acontecido. E ela me disse, muito emocionada, que o pai já desencarnado do seu namorado havia conversado com eles através de mim", relata Geórgia.

Outro tipo de ocorrência também parece denotar que Geórgia está em fase de afloramento da mediunidade. Ela relata que em certas ocasiões vê rostos em meio a quadros enevoados. São faces de pessoas que ela não conhece, pois nunca havia visto antes. Logo em seguida, de algum modo, ela se depara com a mesma imagem reproduzida em um quadro ou porta-retratos.

"Uma vez, me veio à mente a imagem do rosto de uma moça. Algum tempo depois, em visita a um colégio, eu percorria os corredores e acabei vendo pendurado numa parede um quadro com uma fotografia com a mesma imagem da moça que me veio à mente antes de eu estar ali na escola. Perguntei quem era aquela moça da foto e me informaram que se tratava de uma antiga beata, já falecida, chamada Laura Vicunã. Outra ocasião parecida se passou com uma amiga. Conversando com ela, me veio à mente a imagem de um senhor de bigode. E a imagem daquele homem que nunca tinha visto aparecia sempre. Queria ter a certeza se se tratava de alguém relacionado a ela. Um tempo depois, ela me mostrou a foto do pai já falecido. Era o mesmo senhor de bigode que eu havia visto mentalmente. Algo parecido também aconteceu quando eu estava conversando com uma parente do meu esposo. Vi mentalmente a imagem de um senhor idoso. E em seguida, ela mostrou um porta-retratos com a mesma imagem dizendo ser seu avô já falecido", revela Geórgia.

Outra faculdade que Geórgia relata sentir aflorar é o desdobramento consciente durante o sono, fato também abordado por seu pai na sua comunicação psicográfica.

"Já tive sonhos com o meu pai que acredito terem sido desdobramentos conscientes do meu espírito. Um dos mais impressionantes foi quando sonhei chegar a uma espécie de hospital espiritual, com pessoas feridas, mas que já haviam morrido. Cheguei lá através de um túnel com luz branca e portão ao final. Algo me atraía para um último quarto ao final de um corredor do hospital. Ao chegar, havia só um paciente, sentado numa poltrona e coberto por um plástico. E algo chamava a atenção: havia um funcionário fazendo muito barulho, como se estivesse fazendo um reparo na janela. Reclamei com ele, revoltada por conta do incômodo num hospital e num quarto com um paciente. Eu disse queria conversar com a diretoria do hospital, mas o homem respondeu calmamente que era algo normal e autorizado. Nesse momento, senti ser tocada pelo paciente embaixo do plástico e quando me virei, vi que era o meu pai. Ele disse: 'Filha! Não se assuste, aqui não se sente mais dor'. Abraçou-me e disse chorando: 'Sinto tanta saudade de você, da sua mãe, dos seus irmãos e dos meus netos'. Foi uma experiência muito nítida, bem diferente de um sonho. E na psicografia meu pai falou sobre nossos encontros através da ponte dos sonhos, confirmando minha impressão de que se tratava na verdade de desdobramentos conscientes", raciocina Geórgia.

Ela afirma estar estudando a mediunidade e que frequenta o Grupo Espírita Fraternidade Irmã Scheilla em Juazeiro do Norte. Geórgia revela ainda já ter passado por desdobramentos durante o sono nos quais viu Irmã Scheilla ajudar espíritos infelizes e acredita ter um auxílio muito grande daquele venerando espírito nesse momento. "Para lidar com os instantes de tristeza mais intensa pela desencarnação do meu pai, adotei uma fuga mental. Fecho os olhos e me imagino em um grande campo verde com uma casa ao meio. Vou lá e grito muito alto como forma de extravasar os sentimentos de dor. Tudo isso mentalmente, em especial, para preservar os meus filhos. Mas tive uma grande surpresa: um dia, vi a imagem do livro *Teu Lar*, de Irmã Scheilla, psicografado por Jairo Avellar na internet. Me deparei com a casa que imagino nas minhas fugas mentais reproduzida na capa daquele livro", conta.

Geórgia diz ter interesse em desenvolver a mediunidade para ser útil, através desse instrumento, a outras pessoas, encarnadas e desencarnadas, mas confessa que ainda está no início dessa descoberta e tem, ainda, muito a aprender.

CARTA PSICOGRAFADA

Data de recebimento: 5 de agosto de 2018
Médium: Nilton Sousa
Local: *Campus* Juazeiro do Norte do Instituto Federal de Educação, Ciência e Tecnologia do Ceará (IFCE), durante o XX Fórum Espírita do Cariri (FEC)

Geórgia, minha filha,

No improviso do momento, eu te busco com a certeza de que também você veio atrás de mim.

Quanta alegria poder escrever, quando o tempo não nos deu maior oportunidade de estar mais juntos, ou eu te contar dos meus medos ou apreensões quando o hospital não deixou que eu voltasse para casa.

Ó, minha filha, não posso esconder a minha saudade, não posso te dizer sem que as lágrimas não tenham visitado os meus olhos na incerteza que tomou os últimos momentos do meu suspiro.

O fato é que o sono da morte me fez acordar aqui sem mais sentir a dor no peito, sem mais sentir-me sufocar. E podendo respirar um ar que de tão leve não parecia mesmo ser da Terra.

E quanta felicidade não foi reencontrar o papai, o nosso Chico Rezador, o Francisco, teu avô, que o carinho paterno não me faltou no testemunho de deixar o corpo. É ele, foi ele quem te trouxe e quer te indicar o caminho que eu ignorei, o caminho da mediunidade a serviço do bem e dos desesperados. Sim, eu também já tomei consciência desse teu dom daqui e em todos os nossos encontros na ponte dos sonhos.

A Mazinha aqui está com a gente dizendo que o CA no caso dela foi uma bênção de renúncia e luz por depuração da água. Os olhos humanos só veem a dor e a tristeza, mas existe a alegria de renovar-se pela enfermidade depois da morte.

Sei que a tristeza no teu peito não passa. Não cito nominalmente o nome dos teus irmãos, te fazendo procuradora do meu abraço e do meu amor em bênçãos com o pensamento na tua mãe, eterna lembrança também para mim.

Quero que você acerte o seu caminho e tenha força e coragem para seguir de mãos dadas com o Dan, o seu Daniel, que eu também tenho como filho do meu coração, tentando daqui pedir ajuda para que ele se ilumine também, não esquecendo de Deus no seu viver e nos seus desafios, buscando o Evangelho do Cristo por maior remédio ou calmante.

Filha amada, abrace forte o meu João Francisco e a Duda, a nossa Eduarda, na certeza de que os nossos laços nunca se desfarão, pois a morte não matou o meu amor.

Você sabia que eu estava aqui, não era? Eu assisti ao lado de vocês a palestra e pedi que me dessem esta chance.

Te amo. Você não está sozinha. Eu precisei vir primeiro. Foi necessário. Deus deve saber de tudo. Então aceitemos, né?

Te abençoo, na emoção de poder falar contigo.

O teu, sempre teu paizinho,

Beno, Benimar, Ben

PRESENTE DE ANIVERSÁRIO

Graças aos conhecimentos espíritas, Geórgia sabia ser possível receber uma comunicação do seu pai através de um médium. Desde o trespasse do seu genitor, passou a alimentar a esperança de saber diretamente do seu pai se ele estava bem.

"Papai tinha muito medo de morrer, em especial de câncer. E isso, além da saudade natural, me afligia muito. Precisava muito saber se ele havia se recuperado desse medo e se estava bem. E decidi ir a sessões de psicografia pública, sempre que fosse possível", explica a filha.

Em junho de 2018, ela participou da primeira sessão pública de psicografia após a morte do pai. Na cidade vizinha de Barbalha, Geórgia tentou receber uma carta psicografada do pai através do médium cearense Nilton Sousa, que visitava a convite um centro espírita daquele município. Mas seu pai não se comunicou.

A esperança de Geórgia não diminuiu. Ela sabia que novas oportunidades surgiriam e ela estaria presente. A próxima chance talvez fosse o XX Fórum Espírita do Cariri, que seria realizado de 3 a 5 de agosto de 2018 em Juazeiro do Norte. Mas era improvável, pois sessões de psicografia não estavam programadas para o evento. O médium Nilton Sousa estaria presente no último dia do seminário, mas apenas para proferir palestra.

"Dois dias após o término do evento, seria meu aniversário. Nas minhas orações diárias, passei a pedir ao meu pai uma carta psicografada como presente de aniversário", conta Geórgia.

O roteiro não poderia ser mais emocionante e surpreendente. Houve uma espécie de "quebra de protocolo", pelo menos aos olhos físicos de quem estava presente no seminário, e "seu" Bendimar conseguiu criar a oportunidade para presentear a filha com duas impressionantes comunicações, uma psicofônica e outra psicográfica, ambas através do médium Nilton Sousa.

Antes de proferir a sua palestra, Nilton Sousa fez um atendimento fraterno a Geórgia. "Tive a oportunidade de conversar com ele e o que aconteceu foi muito emocionante. Inicialmente, falei dos meus desdobramentos e das visões de pessoas falecidas. Ele disse que eram indícios de que minha mediunidade estava aflorando e chegando a uma fase em que eu não me limitava só a ver, mas já conseguia confirmar a identidade das pessoas depois. Aconselhou muito estudo, leituras edificantes, acompanhamento de uma casa espírita e tratamento espiritual. A seguir, ele começou a perguntar sobre algumas pessoas desencarnadas da minha família cujas informações lhe chegavam mediunicamente. A certa altura, sem que houvesse lhe dito nada, ele perguntou quem era João Francisco, porque percebia que era alguém com uma ligação muito forte com meu pai. Após a palestra, tive uma vontade muito forte de trazer meus filhos para também falar com Nilton. Não lhes disse seus nomes, apenas aproximei meus dois filhos do médium. Quando eu ia apresentar o meu filho João Francisco, Nilton falou em voz alta e com muita animação: 'João Francisco, o amigão do vovô!' E o abraçou e o beijou na cabeça da mesma forma como meu pai fazia com o neto. Tenho certeza de que naquele momento era o meu pai abraçando meu filho através do médium. Em seguida, também sem que eu nada dissesse, Nilton chamou minha filha, abraçou-a e disse: 'Duda, você também é o amor do vovô!' Após isso, ele perguntou: 'Quem é Dan? E olhou para onde meu esposo, Daniel, estava sentado. Abraçou novamente os meus filhos e saiu. Ficamos muito emocionados e felizes, pois foi evidente que meu pai se comunicou conosco psicofonicamente através de Nilton", narra Geórgia.

Depois desse encontro com o médium, Geórgia, o esposo e os filhos se dirigiram ao auditório para assistir a mais uma palestra, já que prosseguia a programação do seminário. Havia nos organizadores do evento uma preocupação quanto ao horário do avião que Nilton Sousa precisava tomar para voltar à sua cidade, Fortaleza. Quando se preparava para ser levado ao aeroporto, Nilton Sousa pediu lápis, papel e uma sala para poder psicografar. Psicografias não estavam na programação do evento, mas ele falou que não era ele quem decidia se ia ou não receber carta.

Sem que Geórgia soubesse, Seu Bendimar psicografava uma carta repleta de dados pessoais, dando mostras de que, agora como espírito desencarnado, receberia permissão de criar o tempo favorável para finalmente conversar com sua filha e demais familiares a respeito de sua passagem, sua condição atual e o futuro da família.

No meio da palestra a que assistia com os filhos e o marido, Geórgia foi chamada e informada de que seu pai havia lhe enviado uma carta psicografada. E o conteúdo dessa mensagem será a seguir por nós analisado. De antemão, é preciso registrar que a destinatária afirma enfaticamente que nenhum dos detalhes da carta que serão aqui analisados foram mencionados ao médium em sua conversa prévia.

E aproveitamos a oportunidade para agradecer a Júlio César Martins Ribeiro, presidente do Grupo Espírita da Fraternidade Irmã Scheilla (Gefis) de Juazeiro do Norte e membro da Federação Espírita do Estado do Ceará (Feec), por sua inestimável colaboração para que pudéssemos estabelecer contato com Geórgia e sua família e, assim, contar a história da psicografia de Seu Bendimar.

a) Menção às circunstâncias inusitadas do envio da mensagem: Seu Bendimar demonstra conexão mental com a filha, ao se referir no início da carta que foi preciso "improviso" para responder ao desejo da filha de busca por uma comunicação psicográfica. Assim ele afirma: "No improviso do momento, eu te busco com a certeza de que também você veio atrás de mim". Lembremos que a mensagem não foi enviada no contexto de uma sessão psicográfica, uma vez que se tratava de evento de estudo no qual não havia previsão de recepção de comunicações espirituais. No entanto, mesmo assim, o espírito pôde se comunicar, já que havia circunstâncias favoráveis –

um médium, a evocação da filha através de orações e o suporte espiritual por se tratar de evento sério;

b) Menção à falta de tempo para conversar com a filha sobre a iminência da desencarnação: Seu Bendimar aborda no terceiro parágrafo de sua missiva as peculiaridades que permearam a sua hospitalização pouco antes de seu trespasse. O comunicante menciona os seguintes detalhes a respeito, que, segundo Geórgia, ela não relatou ao médium na conversa que travou pouco antes da comunicação psicográfica ser produzida: não terem pai e filha tido tempo de estarem mais juntos nas horas de hospitalização; a falta de oportunidade de compartilhar com a filha os "medos e apreensões" de momentos tão críticos; e a possibilidade de não ter recebido o melhor tratamento hospitalar possível ("o hospital não deixou que eu voltasse para casa");

c) Menção ao medo de morrer, em especial de câncer: o comunicante se refere aos instantes de iminência da desencarnação como marcados pela "incerteza que tomou os últimos momentos do meu suspiro". Segundo a filha, o receio da morte, sobretudo por câncer, era um traço muito forte da personalidade do pai, em que pese o fato de ele não ser espírita. "Há meses, ele estava triste, achando que ainda estava com câncer, mesmo tendo recebido confirmação médica de que havia sido curado de um tumor raro na tireoide, após a retirada da glândula. Os exames também confirmaram que não havia ocorrido metástase. Mesmo assim, ele achava que ainda estava doente. Ficou muito triste e isolado, sem se alimentar direito. Era como se o mundo dele tivesse desabado. Certa vez, ele estava com infecção urinária, mas achava que estava morrendo de câncer. Esse temor era muito forte, porque ele viu parentes e colegas de trabalho morrerem de câncer", esclarece Geórgia. Na carta psicografada, o assunto câncer aparece em outro traço peculiar do comunicante: em determinada passagem, Seu Bendimar menciona a morte de uma irmã por câncer, mas, em vez de escrever o nome da doença, utiliza-se da abreviação "CA". "Ele não gostava de falar a palavra câncer. Por muito tempo, se referia como 'aquela doença'. Depois, passou a usar 'CA' como modo de nomear a doença. É um traço de personalidade muito forte na carta e que confirma a autenticidade", explica a filha;

d) Menção aos sintomas que sentiu nos derradeiros momentos da existência física: como mencionado anteriormente, em vida o comunicante tinha a capacidade respiratória comprometida em consequência do atrofiamento de um dos pulmões por conta de uma hérnia diafragmática. E a ocorrência aguda que determinou sua última hospitalização, decorrente de tal característica orgânica, foi marcada, como menciona na sua mensagem, por dor no peito e sensação de sufocamento. Seu Bendimar menciona tais sintomas no contexto de uma frase em que tranquiliza a família por ter superado como espírito os problemas de saúde: "O fato é que o sono da morte me fez acordar aqui sem mais sentir a dor no peito, sem mais sentir-me sufocar. E podendo respirar um ar que de tão leve não parecia mesmo ser da Terra";

e) Menção a familiares que desencarnaram antes e que reencontrou na dimensão espiritual: Seu Bendimar diz ter reencontrado o seu pai, "Francisco, Chico Rezador", e uma irmã, "Mazinha", após acordar para a nova vida. Ressalte-se que não apenas nomes e apelidos dos parentes, dados por si só já bastante significativos para a autenticidade, são mencionados, mas também determinadas peculiaridades das suas biografias. "Francisco, mais conhecido como Chico Rezador, era meu avô. O nome dele completo era Francisco Facundo Sobrinho e ele faleceu aos 89 anos, há cerca de seis anos. Ele era chamado de Chico Rezador porque recebia muitas pessoas no seu sítio, localizado entre as cidades de Icó e Cedro aqui no Ceará, para benzê-las e tentar curá-las através de orações e medicina popular. Ele era católico, mas tudo indica que tinha dons como mediunidade de cura e clarividência. Já a outra parente mencionada, Mazinha, era irmã do pai, falecida há dez anos em decorrência de câncer no colo do útero";

f) Menção ao desabrochar da mediunidade da filha a quem dirigiu a mensagem, em especial aos desdobramentos durante o sono, nos quais a tem reencontrado na dimensão espiritual: Seu Bendimar dá mostras de que, como espírito, tomou melhor conhecimento dos dons mediúnicos da filha. Diz que o avô de Geórgia, Chico Rezador, que também era médium, guia a mediunidade da neta, tendo, inclusive, inspirado a sua ida ao seminário espírita onde receberia a comunicação. E menciona que o principal meio de conscientização a respeito têm sido os encontros com a filha através da "ponte dos sonhos". Geórgia esclarece esses dados da carta: "A necessidade do desenvolvimento da minha mediunidade foi um assunto que conversei com o médium, com objetivo de receber uma orientação de como proceder. Mas em momento algum eu mencionei meu avô, pois nem eu mesma sabia que ele estaria me guiando. Além disso, meu pai diz que a mediunidade foi um caminho que ele próprio ignorou, o que me faz pensar na conversa em que ele me confessou que via espíritos enquanto assistia tevê tarde da noite. Por ser católico, ele não foi à frente. São detalhes muito importantes da carta";

g) Menção aos filhos e esposa: apesar de não declinar os nomes, o comunicante endereça, através da filha destinatária da carta, sua mensagem aos filhos e esposa. Trata-se de um dado importante de ser considerado, já que a receptora da mensagem não mencionara ao médium a existência de outros irmãos e o fato de a mãe encontrar-se ainda encarnada. Além disso, deve-se considerar que Geórgia era o único membro da família que buscava uma comunicação mediúnica, o que, aliado ao fato de sua estreita ligação com o pai, explica o fato de Seu Bendimar endereçar a ela, e não a outros parentes, todo o conteúdo da missiva, com a ressalva de que trata a filha como "procuradora" (representante) da sua mensagem aos demais familiares;

h) Demonstrações de ligação mental com a filha e com os fatos que permeiam sua vida: alguns trechos bastante significativos da carta apontam que Seu Bendimar está a par das ocorrências da vida da filha e demais familiares. O primeiro deles é a menção de que Geórgia buscava receber uma psicografia em eventos espíritas ("eu te busco com a certeza de que também você veio atrás de mim"). Em outra passagem, Seu Bendimar afirma: "sei que a tristeza no teu peito não passa", frase muito significativa para Geórgia. Ela esclarece: "Ainda estou elaborando o luto com apoio de uma psicóloga. Tenho tido algumas dificuldades emocionais como ânsia de vômito após chorar, espasmos nervosos e falta de sono. Essa frase do meu pai, para mim, representa tanto uma ligação quanto uma preocupação com esse quadro". Mas em relação ao tópico em tela, o trecho mais significativo é o parágrafo em que o comunicante afirma: "Quero que você acerte o seu caminho e tenha força e coragem para seguir de mãos dadas com o Dan, o seu Daniel, que eu também tenho como filho do meu coração". Segunda a filha, "nessa passagem meu pai faz menção às dificuldades que eu e meu esposo temos enfrentando juntos, por conta de dificuldades dele com um quadro de síndrome do pânico. Meu pai tinha meu marido como um verdadeiro filho e menciona isso, encorajando que tenhamos força e calma para superar esse momento difícil". Seu Bendimar, na sequência, faz inclusive referência à luta do genro para se libertar do uso de medicamentos para controle emocional: "Tentando daqui pedir ajuda para que ele se ilumine também, não esquecendo de Deus no seu viver e nos seus desafios, buscando o Evangelho do Cristo por maior remédio ou calmante". Geórgia revela que o marido Daniel ficou muito emocionado com esse trecho no qual Seu Bendimar demonstra carinho paterno para com o genro e ciência de sua luta para não desenvolver dependência de calmantes;

i) Menção aos netos: o comunicante declina os nomes dos dois netos (João Francisco e Eduarda – e seu apelido, Duda), filhos de Geórgia, com quem tinha forte relacionamento afetivo e convívio diário. Como mencionado anteriormente, na conversa prévia que manteve com o médium, um dos pontos de maior emoção foi o reconhecimento dos filhos de Geórgia, sem que esta houvesse mencionado seus nomes (ela acredita que se tratava do pai se comunicando psicofonicamente através do médium). Posteriormente, na carta, os dois netos voltam a ser mencionados – e não poderia ser de outra forma, pois se trata de "tópico" incontornável pelo avô, já que escrevia uma carta endereçada à mãe das crianças em questão;

j) Menção à excepcionalidade da circunstância da comunicação: em algumas passagens, o comunicante informa que a possibilidade para se comunicar psicograficamente com a filha não fazia parte da programação prévia do seminário espírita onde se estabeleceu. Trata-se de uma concordância com os fatos do mundo físico, pois, efetivamente, não havia previsibilidade de comunicação psicográfica como parte do evento. Pelo que dá a entender, Seu Bendimar só recebeu autorização da espiritualidade para se comunicar durante o evento, fato que dota a sua carta de um certo tom de "improviso". Vejamos os trechos que indicam essa impressão: "No improviso do momento, eu te busco"; "Eu assisti ao lado de vocês à palestra e pedi que me dessem uma chance"; "Te abençoo na emoção de poder falar contigo";

k)Menção à aceitação dos fatos hospitalares: um dos aspectos mais marcantes da desencarnação do comunicante foi a impressão para a família de que, se tivessem sido ministrados os medicamentos necessários no início do atendimento hospitalar, Seu Bendimar teria se reestabelecido, sem a necessidade de entubação, fator que acabou se constituindo como determinante para o seu trespasse. Seu Bendimar menciona essa impressão em dois momentos da carta, mas no segundo dá a entender que começa a compreender que os desígnios divinos precisam ser interpretados de forma positiva. Na primeira passagem, ele lamenta: "o hospital não deixou que eu voltasse para casa". Na segunda passagem, ao final da carta, ele muda o tom e afirma: "Eu precisei vir primeiro. Foi necessário. Deus deve saber de tudo. Então, aceitemos, né?". Geórgia explica que se trata de algo muito importante, que está ainda elaborando emocionalmente. "É muito difícil aceitar a possibilidade de erro ou negligência. Isso me deixou muito triste. Por isso, meu pai abordou esse assunto", explica a filha. O trecho em que ele fala "você não está sozinha", segundo Geórgia, é uma resposta a diálogos mentais que ela mantém com o pai, nos quais ela fala que está difícil seguir sozinha sem ele. "Ele era a minha referência em tudo na vida, e hoje me sinto como uma criança pequena que se perdeu do pai numa multidão", afirma. Mas há outro detalhe igualmente importante: o uso do "né". "Era uma marca do jeito como sempre conversávamos, colocando um 'né' no final das frases quando discorríamos sobre diversos assuntos, importantes ou não. Com certeza era ele tentando me fazer entender que é importante aceitar os fatos", raciocina a filha;

l) Denominações com as quais encerra a carta: há detalhes interessantes no modo como o comunicante se autodenominou ao final da carta. Ele utilizou três nomes: Beno, Benimar e Ben. Nenhum dos três era usual nos últimos anos de vida. De acordo com a filha, o pai era chamado por todos como houvera sido registrado: Bendimar (com a letra d na segunda sílaba). Nenhuma das três formas como se autodenominou eram corriqueiras. O que, numa primeira leitura, pode parecer uma não correspondência entre psicografia e realidade, ganha contornos diferentes a partir da interpretação da destinatária: "Meu avô, pai do meu pai, tinha o costume de chamar o filho de Benimar, em vez de Bendimar, retirando a letra d da segunda sílaba. Como meu pai estava sendo acompanhado pelo meu avô, acredito que essa memória ficou mais viva e ele assinou assim. Não consegui ainda saber o porquê de ele ter usado Beno e Ben. Mas estou investigando com familiares mais antigos e amigos de trabalho. Minha hipótese é de que eram apelidos usados pelos seus colegas na universidade onde lecionava";

m) Caligrafia semelhante: a destinatária da comunicação atesta que a caligrafia usada na psicografia é bastante semelhante a que Seu Bendimar apresentava em vida. "Eu conheço bem a caligrafia dele, pois sempre o ajudei a transformar as anotações manuais em material para as aulas que ele ministrava nas universidades. E posso dizer que há considerável semelhança", afirma Geórgia.

VIDA APÓS A PSICOGRAFIA

Geórgia relata que a reação da família pela recepção da carta de Seu Bendimar foi de muita emoção e alegria. E, em seu caso pessoal, foi de alívio por perceber que o pai, como espírito, conseguiu, após pouco meses de desencarnação, superar o medo da morte.

A carta, segundo ela, tem sido um ponto de mudança fundamental para a superação do luto: "Minha psicóloga me disse que eu estou com outro aspecto e começando a elaborar de uma forma mais positiva a partida do meu pai. Como espírita que sou, tinha certeza de que a morte não existe. Nunca duvidei. Mas é difícil viver em outro formato de convivência, sem ouvir a voz e sem ter o abraço. No fundo, quando vemos um ser amado partir, há um medo de se perder a ligação para sempre. Isso era tão forte que pedi a meu pai uma carta endereçada a mim. Graças a Deus, a carta veio. E, junto com cada palavra, o alívio por saber que ele está bem. A carta tem o poder de colaborar com nossa transformação, porque dá uma demonstração palpável de que nosso ser amado está perto, continua a nos acompanhar e até ouve o que dizemos".

Geórgia relata ainda que, depois da psicografia, continua a encontrar seu pai através "da ponte dos sonhos". "Cheguei em uma cidade parecida com a minha, e me encontrava especificamente numa rua e avistei uma casa simples em que vi minha Irmã Kátia entrar com o seu namorado e fui em direção àquela residência por curiosidade e quando cheguei à porta tive um susto de alegria ao ficar em frente ao meu pai. Pulei e me agarrei com ele e começamos a chorar dizendo um ao outro que sentíamos muita saudade. Ele trajava calça e camisa de manga longa bege e suas alparcatas, vestimentas com as quais ele gostava bastante de dar aulas na universidade. Foi emocionante porque nesse dia pedi muito a Deus para ir vê-lo e abraçá-lo e Ele me permitiu", conta.

Geórgia menciona ainda uma experiência pessoal após a psicografia e que se liga à inclusão da história de Seu Pai neste livro. "Após ter sido entrevistada para este livro, eu havia desistido de publicar a carta, por questões de foro íntimo. Mas recebi um telefonema do meu amigo e presidente do Gefis, Júlio César, me perguntando sobre a publicação da carta. Eu relatei que havia desistido de incluir a carta no livro. Mas poucos dias após essa ligação, passei a me sentir incomodada, pois não sabia se havia tomado a decisão correta. No dia 21 de setembro de 2018, no meu quarto, cheguei perto de uma foto do meu pai e me lembrei da carta. Nesse momento, pedi a meu pai em prece que me mostrasse um sinal se gostaria que sua carta fosse publicada. Três dias após, em 24 de setembro de 2018, recebi uma mensagem via WhatsApp da equipe de Guilherme Velho, autor do livro, pedindo para reconsiderar a minha decisão. Quando fui lendo a mensagem, fiquei emocionada, porque era o sinal que havia pedido a meu pai dias antes. Outra coisa que me chamou a atenção foi a redação da mensagem. A sensação que tive quando fui lendo era que o meu pai era o autor daquele texto e não os colaboradores do livro, porque o estilo de escrita era igual ao do meu pai. Não tive dúvidas de que era desejo do meu pai que sua história integrasse este livro e pudesse ajudar outras famílias a perceber que a morte não existe. Vou continuar buscando por novas cartas nas minhas idas a Fortaleza, pois sei que receberei muitas outras, através do médium Nilton Sousa, até poder me reencontrar um dia com meu pai na dimensão espiritual quando eu mesma desencarnar".

Fotos e agradecimentos

AGRADECIMENTOS

Antes de dar por completamente finalizado este livro, preciso deixar registrados meus agradecimentos às pessoas que colaboraram comigo na concretização destas páginas.

Aos espíritos comunicantes das cartas psicografadas aqui analisadas: Ágata Munhoz Braga; Matheus Medeiros Damásio; Matheus Winke Jacobsen; Alexandra Winke Jacobsen; Eliezer Rezende Andrade; Gabriel Lima Silva; Lucca Roberto de Britto; e José Bendimar de Lima.

Aos familiares diretamente entrevistados: Eloana Maria Munhoz; Neiliane Medeiros Santos Lima; Elda Winke Jacobsen; Lindinalva Resende Andrade Lorente; Roseit do Rosário Lima Silva; Ivan Cláudio da Silva; Eliane Aparecida Roberto de Britto; Marcelo de Britto; e Geórgia Maria Santos Lima. E também aos familiares que, mesmo não tendo sido diretamente entrevistados, deram aval à publicação.

Aos médiuns relacionados às cartas aqui analisadas: Orlando Noronha Carneiro, Alaor Borges e Nilton Sousa.

Ao casal de amigos, Lúcia e Adalberto Prado de Morais, da Associação dos Divulgadores do Espiritismo (ADE) do Japão.

A Júlio César Martins Ribeiro, presidente do Grupo Espírita da Fraternidade Irmã Scheilla (Gefis) de Juazeiro do Norte e membro da Federação Espírita do Estado do Ceará (Feec).

A Caio Pontes pela concepção visual da capa e a Flávio Gonzalez pela colaboração editorial.

Encerro meus agradecimentos, cumprimentando as entidades do Brasil e do exterior que me acolheram em 2017 e 2018 para que eu pudesse palestrar a respeito do meu primeiro livro, incentivo primordial para que eu desse sequência aos meus estudos nesta segunda publicação.

REGISTROS FOTOGRÁFICOS A RESPEITO DO ACOLHIMENTO AO PRIMEIRO LIVRO

Sessão de autógrafos

Guilherme Velho
grupofraternosearadobem@gmail.com

Seminario:
Mecanismos da Mediunidade
Sabado Maio 5
10:30am – 12:00pm

Almoco Opcional as 12:00 ($10)

Palestrante Espirita, Escritor, Parapsicologo e Pesquisador de fenomenos par-normais a mais de 20 anos.

86 Monroe St. 3rd Fl. Newark, NJ (1-732-608-1574)

Cartaz de divulgação de palestra no Grupo Fraterno Seara do Bem, em Newark (EUA)

Participação na Sala de Entrevistas do 13º Simpósio de Estudos e Práticas Espíritas de Pernambuco (Simespe)

Palestra no Lar de Clara, Ceará

Cartaz de divulgação de palestra na Casa de Caridade Dr. Adolph Fritz em Fortaleza, Ceará

Com Regina Zanella, dirigente espírita do Grupo Sentieri dello Spirito de Milão, Itália, por ocasião de visita para proferir palestra

IMPERDÍVEL
Um dia, duas palestras!
19 de MAIO
"Onde não há caridade não pode haver justiça" - Santo Agostinho

SÉRGIO THIESEN
Médico, professor e colaborador da revista Reformador, da Federação Espírita Brasileira (FEB).

GUILHERME VELHO
Parapsicólogo e pesquisador de fenômenos paranormais há 20 anos. Orador internacional com passagens por vários países!

5 PM: Guilherme Velho
Evidências Científicas da Sobrevivência da Alma
7 PM: Sérgio Thiesen
Tema da Palestra

145 Barnstable rd, 2nd floor
Hyannis-MA . 02601

Friends of the Journey
Amigos do Caminho

Cartaz de divulgação de palestra em Hyannis (EUA)

Cartaz de divulgação de palestra no Allan Kardec Spiritist Institute, na Ilha de Maui, Havaí (EUA)

Foto feita após palestra na Associação dos Divulgadores do Espiritismo do Japão

Recepção na Ilha de Maui, Havaí (EUA), por integrantes do Allan Kardec Spiritist Institute

Visita ao Centro Espírita Luiz Gonzaga, em Pedro Leopoldo, Minas Gerais, para proferir palestra

Cartaz de divulgação de palestra na Associação Espírita de Lagos, Portugal

Foto feita momentos antes de palestra na Associação Espírita de Lagos, Portugal

Visita à Spiritist Society of Virginia, EUA, para proferir palestra

Foto após palestra na Kardecian Spiritist Society of Florida, EUA

Esta edição foi impressa em setembro de 2019, sendo tiradas duas mil cópias, todas em formato fechado 140x210mm e com mancha de 106x170mm. Os papéis utilizados foram o Offset 75g/m² para o miolo e o Cartão Supremo Alta Alvura 300g/m² para a capa. O texto e os títulos foram compostos em Adobe Caslon Pro. A programação visual da capa foi elaborada por Fernando Campos.